KB053260

김현수의 줄기세포 병원입니다

김현수의 줄기세포 병원입니다

'세계 최초 줄기세포치료제 개발
치료의 한계를 극복하다'

김현수 | 지음

북산

의학의 발전은 의사들의
신념과 용기로부터 시작되었다

우리 사회에 줄기세포가 유명해지기 시작한 것은 황우석 박사가 사람의 체세포를 복제한 배아줄기세포 배양에 성공하면서 부터다. 그의 논문이 세계적인 과학 잡지 『사이언스Science』에 발표되면서 유명세를 타기 시작했는데, 이후 논문조작으로 밝혀지면서 줄기세포에 대한 세상의 관심이 더 커지기 시작했다. 황우석 박사 사건 이전부터 이미 의사로서 줄기세포를 다루고 있던 나는 예고된 일이 터졌구나 싶었다. 줄기세포에 대한 기대가 컸던 만큼 당시 파장은 쉽게 가라앉지 않을 정도로 큰 이슈거리가 되었다.

줄기세포는 어떤 조직으로든 발달할 수 있는 세포, 미분화 세포를 말한다. 배아줄기세포는 주로 초기 분열 단계의 배아로부터 채

취되는데 이 단계의 세포는 적절한 조건을 맞춰 준다면 다양한 조직세포로 분화할 수 있다. 때문에 미분화 세포를 일본에서는 '줄기 간幹' 자를 써서 간세포, 우리는 '어미 모母' 자를 써서 모세포라 불렀고, 영어로는 '스템셀stem cell'이라 부른다.

정확하지는 않지만 1908년 베를린 혈액학회에서 줄기세포라는 용어 사용을 제안한 이후 현재 세계 각국에서 많은 과학자들이 경쟁적으로 줄기세포에 관한 연구를 하고 있다. 줄기세포는 이론적으로 모든 세포나 조직으로 분화가 가능하기 때문에 적절히 이 기술을 이용한다면 난치성 질병 치료에 큰 도움을 얻을 수 있다.

혈액종양내과 의사였던 나는 말기 암환자의 면역세포치료나, 줄기세포를 이용한 골수이식을 연구하면서 줄기세포를 이용한 치료법 개발에 몰두하게 되었다. 이 과정에서 조혈줄기세포의 생존과 기능에 영향을 주는 기질줄기세포가 있다는 것을 알게 되었고, 그 미세 환경의 중요함을 깨닫게 되어 연구를 하게 되었다. 암을 제거하는 면역세포로만 사용되는 골수이식의 한계를 뛰어넘어 새로운 영역에 도전해 보고 싶었고, 앞으로도 그 발전 가능성은 충분할 것이라고 믿는다.

나에 대한 이야기를 털어놓기에 아직 젊다는 걸 모르지 않는다. 이런 글의 성격이라면 더 먼 훗날을 기약해야 더 그럴듯했을 텐데, 이러한 조급함은 나와 내 지인들에 대한 무한 애정임을 밝히고 싶다. 내 고백이 더 늦어지면 나름대로 열심히 살아온 지난 시간들이 혼자만의 추억으로 끝날 수도 있고, 혹시라도 기억이 흐려져 왜곡되거나 잊힐까 염려되었다.

아버지에 대한 기억이 흐릿해지는 것 또한 내가 이 글을 시작하게 된 이유였다. 내가 의사의 길을 선택할 수 있도록 가장 큰 영향을 주신 아버지는 가난했지만 훌륭한 의사의 삶을 살아오신 분이었다. 아버지에 대한 그리움과 의사로서 아버지에 대한 존경의 마음이 글을 쓰는 동안 나에게 큰 힘이 되었다.

시간의 한계는 지극히 주관적인 것이라 그동안 공부하고 일하면서 맺은 수많은 인연들을 떠올리는 일들은 결코 쉽지 않았다. 때문에 이 글에서 자칫 놓쳤거나 잘못 기록된 부분들이 있을지도 모른다. 기억의 오류가 아니라면 필시 사안과 인연에 대한 큰 애정일 것이니 너그러이 이해 바란다.

편하지 않은 성격과 부족한 소양으로 누군가에게는 상처를 주었고 나 역시 누군가로부터 상처를 받기도 했다. 들춰보기 싫은 기억도 있고 영원히 묻고 싶은 기억도 있지만 그 모든 삶의 조각들 역시 나와 무관하지 않은 품고 가야 할 내 인생이라는 걸 새삼 깨달았다. 어느 때는 돌진하듯 달렸고 또 어느 때는 불타는 의지만 앞세웠다. 그럴 때마다 항상 질책을 아끼지 않으셨던 훌륭한 선생님과 나를 믿어주고 함께 해준 좋은 선후배들이 있어 잘 이겨낼 수 있었다. 그들 덕분에 김현수로 존재하고 있음을 감사드린다. 산다는 것은 많은 인연들에게 빚을 지는 일이라는 걸 다시 한 번 되새기며, 이제 의사로서의 명예와 책임감을 잊지 않을 것이다. 작지만 효율적이고 강력한 병원을 만들었으니 줄기세포치료제라는 강력한 수단으로 질병과 싸우는 수많은 환자들에게 큰 희망을 줄 것이고, 끊임없는 연구와 임상으로 새로운 의료혁명에도 앞장설 것이다.

이 책이 나오기까지 꽤 오랜 시간이 걸렸다. 내가 쓴 초고를 이경희 작가님과 도서출판 북산의 김보현 팀장님, 파미셀 직원들이 새롭게 구성하고 다듬어서 책 모양새를 만들어주었다. 모두에게 감사의 마음을 전한다.

2016년 10월

김현수

프롤로그

chapter. 1 _____
안녕하세요. 줄기세포 병원입니다!

내과 의사 김현수입니다 · **15**
첫 번째 환자 · **19**
침묵하는 몸이 더 무섭다 · **23**
치료보다 센 것이 의사에 대한 신뢰다 · **26**
실패는 성공으로 가는 과정이다 · **30**
의사와 사업가의 미래 · **33**
기적은 의사와 환자가 함께 만든다 · **37**

chapter. 2 _____
열망이 필연적인 유전자를 만든다

같은 유전자 서로 다른 길 · **43**
필연적인 유전자의 시작 · **47**
정신의 한계는 의지가 만든다 · **51**
아버지의 꿈과 열정 '수원기독병원' · **55**
통 큰 유전자를 가진 어머니 · **60**
최고의 산부인과 고려병원 · **64**
파독간호사 미스 강 · **68**

chapter. 3

혹독함이 나를 성장시켰다

만만하게 보았던 의과대학 · **75**
의술보다 인술의 가치 · **79**
코끼리를 냉장고에 넣어라 · **84**
나는 악마이고 독사였다 · **88**
기본이 튼튼한 실력을 가져라 · **93**
혈액학을 전공한 첫 번째 제자 · **97**
남자들의 전투적인 유전자 '군대 이야기' · **100**

chapter. 4

새로운 형태의 골수이식을 성공시켜라

아주대학병원에서 연구를 시작하다 · **107**
골수이식의 첫 장부터 밟아나가다 · **111**
쥬라기 공원, 공룡 부활의 비밀 · **114**
새로운 세계에 닻을 올리다 · **119**
혈액분반술을 위해 실험대상이 되다 · **122**
나를 믿고, 지원한 주임교수를 믿었다 · **126**
연구는 쿠폰으로 되지 않는다 · **130**
'FISH'는 물고기가 아니다 · **134**
위험한 것은 방사선이 아니라 이것을 다루는 사람 · **138**
친구를 위한 한 번의 거짓말과 한 번의 진실 · **142**

chapter. 5

1999년, 가장 뜨거웠던 내 인생의 여름

해동 후 줄기세포를 안전하게 활성화시키다 · 151

수지상세포 논문, 그들이 먼저 접수했다 · 154

경쟁과 질투를 최고의 에너지로 승화시키다 · 159

세계 최초 중간엽줄기세포의 신경세포로의 분화 성공 · 164

기질세포 특허 출현, 작명의 오류를 조심하라 · 167

처음으로 배양된 줄기세포를 이식해 질병을 극복하다 · 169

두 마리 토끼를 잡다 중간엽줄기세포 동시 이식 · 174

암에 세포를 이용한 치료를 시도하다 · 178

chapter. 6

신념이 용기를 주었다

환자들이 좋아하는 의사 선생님 · 191

방어 진료는 환자와 의사 모두 손해다 · 194

자연치료로 가버리는 환자들 · 197

살에 예민한 의사들 · 200

비타민과 철분제는 항상 가격과 비례하지 않는다 · 203

패혈증 환자의 절규 · 207

그래도 일인 3역은 너무 힘들다 · 210

장담할 수 없는 최선이 늘 안타깝다 · 214

chapter. 7
변화는 새로운 동력을 만든다

수지상세포연구회 발족 · 221
파미셀 설립과 CEO김현수 · 224
두 마리 토끼를 잡기 위한 전략적 미래 · 228
투자개방형병원의 미래지향적 비전과 약속 · 232
나는 새 가슴이다 · 235
리더의 카리스마는 리더의 것일 뿐이다 · 238
유전자도 어쩔 수 없는 생김새 · 242

chapter. 8
내 인생의 스승

건방의 부끄러움을 가르치다 · 249
낮보다 길었던 우리들의 열정적인 밤 · 252
거부할 수 없는 운명 · 257
홀인원하는 명랑골프 · 261
두 바퀴로 달리는 행복 · 264
세상과 소통하는 갈비찜 · 268
전쟁과 의학은 필요악이다 · 271
의사에 대한 현실과 이상 · 274
눈치 보며 사는 세상의 즐거움 · 277
가난한 청춘들의 나라 · 280
미래의 의학과 의사의 역할 · 284
일관된 정책과 협조가 기업을 성장시킨다 · 287
행운은 준비하는 자에게 온다 · 290

안녕하세요
줄기세포 병원입니다!

Chapter.1

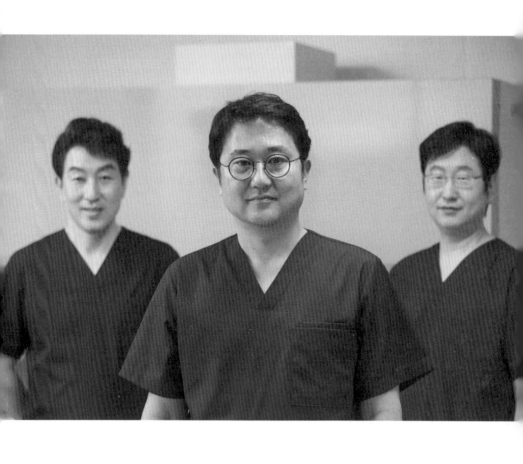

내과 의사 김현수입니다

파미셀에 이어 병원을
열겠다고 하자 아들이
물었다.

"아버지는 무엇을 위해서 그토록 열심히 사세
요?"

아들의 그 질문은 내가 병원을 개업하는 것에
찬성하지 않는다는 뜻이었다. 아직 어리고 재수생 주제라 뭘 알까
싶었는데, 아무도 묻지 않는 질문을 아들이 해주었다. 순간, 정수리
가 싸해지면서 날 진정으로 생각해주는 사람은 역시 아들이라는 생
각이 들어 한편으론 뿌듯하기도 했다.

아들의 질문을 받고 보니 내가 무엇을 위해서 아니 누구를 위해
서 이 많은 일들을 하겠다고 자청한 것인지 반문하지 않을 수 없었

다. 돈을 벌겠다는 욕망이 커서 그런 것 같지도 않고 훌륭한 기업인이 되고 싶은 명예욕이 있는 것도 아니었다. 그렇다면 나는 왜 무리하면서까지 회사를 차리고 병원을 차리고 한 가장으로의 역할까지 하려는 것일까. 정확히 대답할 수는 없지만 어떤 욕망이나 목표가 있어 그렇다기보다 사회적 관성이 어느 순간 선택을 하도록 이끌었다는 이유 말고는, 적당한 대답이 떠오르지 않았다. 의지 없이 순리를 따른 것이 아니라 나름으로는 치열한 선택과 판단을 하느라 밤잠을 설쳤고 결단을 내린 후에는 뒤돌아보며 후회하지 않았다. 성공을 장담할 수 없으니 사회적 관성으로 열심히 살아가는 수밖에 없다는 것이 내 최선의 판단이고 목표라고 할 수 있다.

내가 대학 다닐 때 아버지도 수원에 산부인과 병원을 개원했는데 가족들 중 나만 유일하게 반대했었다. 아버지가 힘들게 사는 모습이 보기 싫었다. 온 친인척까지 신경 쓰느라 당신이 감수하면서 받는 삶의 스트레스는 잊은 채 당신을 돌보지 않는 모습이 보기에 안타까웠다. 어느 순간부터는 도움을 당연하게 받아들이는 사람들의 태도에서 아버지의 희생이 그리 보람 있게 느껴지지 않았던 것일 수도 있다.

내 아들도 어쩌면 내게서 그런 모습을 보았던 것인지도 모른다. 아들에게 나는 그저 아버지일 뿐이다. 내가 사회적으로 성공을 하고 안 하고의 문제는 아무 상관이 없을 것이다. 그래서 나도 내 아버지와 같은 길을 가는 것은 아닌가 하는 생각이 들었다. 딱 내 나이 때 병원을 만들어 운영하다 말년에 뇌졸중으로 무너진 아버지가 떠올라 아들의 걱정을 가볍게 넘길 수 없었지만 포기하기는 싫었다. 아버지보다 잘 해내고 싶었고, 이왕 시작한 거 꼭 성공하고 싶었다. 예감도 좋았다. 줄기세포병원을 오픈하기 전날 밤 꿈속에서 그리운 얼굴을 만났다. 세상을 떠난 하만준 교수가 환한 얼굴로 날 보며 웃었다. 하늘에서나마 응원해줄 테니 잘해 보라는 메시지였다. 그는 여전히 내 마음 한구석을 차지하고 있다. 그에 대한 그리움이 가끔은 절절한 외로움으로 바뀌어 견디기 힘들 때도 있지만 그 또한 떠나보낸 자들의 몫일 것이다.

압구정에 줄기세포 전문병원을 개원한 것은 위치가 좋기도 하지만 내 유년과 청소년의 추억이 생생히 살아있는 곳이기 때문이다. 풍경도 바뀌고 사람도 바뀌었지만 내 기억 속에는 아직도 그 시절의 사람과 풍경들이 낯설지 않다. 어느 골목에 들어서면 어설프고 쑥스러웠던 청춘의 나를 만날 것만 같고 오래전 인연과 마주칠 것만 같아 가슴 설렌다.

압구정의 그러한 추억과 낭만은 일을 하는 데에 큰 에너지가 될 것이다. 오랜 고민 끝에 결정한 병원이니 만큼 의약품으로 허가 받은 줄기세포치료제를 제대로 알리고 싶다. 크든 작든 기업은 항상 새로운 동력을 필요로 한다. 잘 굴러가는 기업은 있어도 안정적인 기업은 없다고 생각한다. 이만하면 됐다고 생각하는 순간 기업은 시장경쟁에서 밀리고 만다. 경영자의 사고가 정체되는 순간 기업은 탄력을 잃어 쉽게 달리지 못한다. 나 혼자만을 위한 일이라면 적당히 쉬어가도 될 테지만 이제는 나 자신만 챙길 처지가 아니다. 물론 가끔은 후회도 하고 도망쳐버리고 싶을 때도 있을 것이다. 다 털어내고 가볍고 자유롭게 살고 싶은 생각도 들겠지만 지금까지 그렇게 살아왔듯이 나는 수많은 인연으로 만들어진 사회적 관성대로 잘 극복해 나가며 그 안에서 삶의 보람을 찾을 것이다. 아들에게는 이렇게 대답해주었다.

"아들아, 너를 위해 산다는 식상한 말은 하기 싫다. 아빠는 무엇을 위해서 사는 것이 아니라 그냥 내게 주어진 일이니까 열심히 하려는 거야. 무엇을 위해 산 것이 아니라 살다 보니까 무엇이 돼 있더라 그 말이지. 그러니까, 재수생인 네가 지금 해야 할 일은 학원에 가야 한다는 거야?"

내가 그랬듯이 내 아들도 시간이 한참 흘러야 살아간다는 것이 무엇인지 조금은 알 것이다. 인생은 수학문제와 달라서 정확한 정답을 찾기 어렵다는 것을 말이다.

첫 번째 환자

새 가운을 미처 마련하
지 못해 전에 입던 것
을 꺼내 입었다.

오랜만에 내과 의사 김현수로 돌아온 기분은 파미셀의 CEO로 출근할 때와 다른 기분이었다. 회사 대표는 늘 비즈니스를 염두에 두어야 하고 말끔하게 양복을 입어야 해서 맞선 보러 가는 느낌인데, 흰 가운을 입고 청진기를 꽂으니 공연히 친숙하고 당당해지는 기분이었다. 문제는 예전과는 달라진 내 몸이 가운의 핏을 전혀 살려주지 못한다는 안타까움이었다. 튀어 나온 배 탓에 연륜은 깊어 보이나 맵시는 영 시원찮았다. 그래도 그리던 친구를 만난 듯 마음이 편해서 낡고 빛이 바랜 가운의 위상 따위는 신경 쓰이지 않았다.

그렇게 꽉 끼는 가운의 불편함도 잊은 채 정갈한 마음으로 환자를 기다렸다. 조용한 진찰실, 열리지 않는 문을 뚫어지게 바라보며, 환자가 들어오면 최선을 다해 잘해 주리라 맘을 먹었다. 대학병원에서 몇날 며칠씩 끼니를 거르고 잠을 못 자가며 회진할 때는 솔직히 환자와 마주치고 싶지 않은 적이 많았다. 그러나 이번에는 달랐다. 마치 헤어진 애인을 그리워하면서 그녀가 돌아오길 기다리는 사람처럼 환자가 나타나길 고대했다.

한동안 열리지 않는 문을 바라보며, 열려라 참깨를 외쳐보기도 하고, 눈이 빠질 듯 진료실 문을 쳐다보기도 했다. 혹시 병원까지 올라오는 데 문제가 있는 것은 아닌지 건물 일층부터 확인하며 올라와 보기도 했다. 간호사에게는 환자가 내원 시 친절하게 접수를 받고 진찰실로 모시라는 당부를 잊지 않았다.

드디어 문이 열렸다. 첫 번째 환자였다. 환자가 병원 로비에 들어서는 순간, 나를 비롯해 기다리고 있던 간호사와 연구소 직원 모두 일어나 박수를 보냈다. 아뿔싸! 열렬한 환영인사에 당황한 환자가 그만 도망을 치듯 병원 문을 박차고 나가버리는 것이었다.

이를 어째! 당황스럽기는 우리도 환자 못지않았다. 첫 번째 환자를 위한 이벤트가 멋쩍은 꼴이 되었으니 서로를 바라보며 헛웃음을 지을 수밖에 없었다. 아파서 병원을 찾아온 환자에게 박수를 치며 환영의 세레모니를 보냈으니 오버가 확실했다. 유쾌한 아침 소동으로 끝이 나긴 했지만 내과 의사로의 귀향 소감은 나쁘지 않았다.

줄기세포에 대한 이야기는 대부분 들어서 알고 있지만 줄기세포 치료 전문병원이 가까이에 있다는 사실은 아직 잘 모른다. 내과는 동네 병원에 흔하지만 줄기세포치료전문 내과병원은 흔치 않기 때문이다. 또 줄기세포치료제가 무슨 질병에 어떻게 쓰이는지 일반화되지 않아 생소하게 느껴질 수도 있다. 줄기세포치료제를 상용화하기까지의 과정 또한 만만치 않은 시간이 걸렸으니 환자들이 자신의 치료제로 선택하기까지 의사의 역할이 클 것이다. 줄기세포치료제는 그동안의 임상과 치료 사례로 환자들에게 큰 희망이 될 수 있다. 난치성 질환과 포기할 수밖에 없었던 환자들에게 많은 희망을 주었다. 지금까지 치료한 환자들 사례만 보더라도 줄기세포치료제는 분명 의료혁명이라고 할 수 있을 정도로 그 가능성과 다양성이 무궁무진하다. 물론 지속적인 연구와 임상 등 가야할 길도 멀고 넘어야 할 산도 높다. 그러나 그동안 내가 줄기세포로 치료한 환자들의 경우 그 효과와 만족도가 상당해 머지않아 더 많은 의사들이 치료에 대한 자신감을 가질 것이라 생각한다.

그리고, 다시는 환자를 위한답시고 박수를 쳐 환영하는 오버는 하지 않을 것이다. 만일 그 첫 번째 환자가 도망가지 않고 우리의 환영인사를 자연스럽게 받으며 진료실로 들어왔더라면 나는 아마 또 다른 오버를 궁리했을지도 모른다. 그리움이 깊어지면 사랑도

깊어지는 법인데, 너무 빨리 마중 나가 기다리는 바람에 환자가 가 버렸으니, 앞으로는 의사가 달려나가 환자를 맞는 상황을 연출하지 않고 환자가 달려와 내 손을 잡는 병원을 만들어 나갈 것이다.

침묵하는 몸이 더 무섭다

우리 병원은 알코올성 간경화 환자들이 많이 찾아온다.

간경화는 그 증상이 나타나 병원을 찾은 경우 병증이 꽤 진행된 상태다. 한마디로 돌아올 수 없는 강을 건넜다고 봐야 하는 고위험군에 속하는 질병이라고 할 수 있다. 어려운 취업시장을 뚫고 직장 생활한 지 삼 년도 안 돼 간경화에 걸린 환자를 치료한 적이 있다. 우리 몸의 장기 중에서 가장 과묵한 간도 어느 순간 자신의 괴로움을 표시하기 마련이다.

젊은 환자 역시 신입사원이다 보니 잦은 술자리와 음주는 당연했을 것이고, 노련하지 못한 업무로 인해 적잖은 스트레스에 시달렸을 것이다. 처음에는 직장생활로 인한 피로감이 누적되어 소화가 안 된다고만 생각해 병원을 찾은 것이었다. 검사를 해보니 복수가 차기 시작한 단계까지 병이 진행되어 있었다. 갓 서른을 넘긴 젊은 청년이 감당하기 힘든 병이라 의사인 나로서도 몹시 안타까웠다. 이미 자신의 병에 대해 알아볼 만큼 알아보고 줄기세포치료에 마지막 희망을 걸었다고 했다. 간경화는 다행히 줄기세포치료로 큰 효과를 본 사례가 많아 절망할 필요는 없었다. 환자는 회사를 휴직하고 치료에 전념하는 모습을 보였다. 시간차를 두고 치료를 시작하자 병의 진행이 빨랐던 만큼 치료효과도 빠르게 나타나 가족들은 물론 의사의 자존감도 높일 수 있었다.

바이러스성 간경화는 이전에 비해 약도 좋아지고 치료효과도 좋아 많이 줄었지만 알코올성 간경화는 음주로 인한 경우가 대부분이라 환자의 의지가 치료에 더 큰 영향을 준다. 다행인 것은 중추신경계 환자들에 비해 치료의지가 높아서 간경화로 진단이 나면 치료에 대한 기대를 가지고 의사의 말에 귀를 기울인다. 그에 반해 중추신경계 환자들은 아직도 '중풍에는 약이 없다'라고 생각하는 경우가 많다. 치료를 받는 동안 사회적 경제적 손실이 크고 가족들에게 부담을 준다고 생각하는 것이다. 의사가 아무리 치료의지를 보여도 중추신경계 환자들은 치료에 적극성을 보이지 않는다. 잘못된 판단과 지식으로 자신의 병을 키우거나 죽음으로 몰아가는 것을 보면 대단히 안타깝지만 의지 없는 환자를 바라보는 일 또한 의사로서의 한계를 느끼지 않을 수 없다.

알코올성 간경화 환자들이 줄지 않는 것은 아마 우리의 음주문화와 연관이 있고 병증에 대한 인식이 약해 뒤늦게 병원을 찾기 때문일 것이다. 모든 병이 그러하듯 사람마다 개인차를 크게 보이기 때문에 일반적인 사례를 자신에게 적용하는 것은 매우 위험한 일이다. 술 한잔이 독이 되는 사람이 있는가 하면 매일 술을 마셔도 멀쩡한 사람이 있다. 의사도 장담할 수 없는 진단을 환자 스스로 진단하고 처방하는 일만큼 어리석은 경우는 없다.

몸이 조금이라도 이상 신호를 보내면 서둘러 신경을 써달라는 뜻이니 묵고할 일은 아니다. 자칫 방치하다가 치료시기를 놓치거나 병증이 위증해지는 사태는 피해야 할 것이다. 바라기는 줄기세포치료제가 한시라도 빨리 보험이 적용되어 많은 환자들이 혜택을 받았으면 하는 것이다.

치료보다 센 것이 의사에 대한 신뢰다

우리 회사 화학품 제조는 중국의 모 케미컬 회사에서 맡고 있다. 생산단가와 규제, 환경문제 등이 우리보다 까다롭지 않아 10년째 제품을 위탁 생산하고 있다. 창업주인 아버지 때부터 현재 대표를 맡고 있는 아들까지 십여 년을 거래하다 보니 그쪽의 임원들하고도 좋은 관계를 유지하고 있다. 그들은 해마다 연례행사처럼 한국을 방문해 정기검진을 받았다. 중국에도 물론 훌륭한 종합병원과 대형병원이 많지만 우리 회사와의 인연 때문인지 국내 종합병원을 엄청 선호하는 분위기였다. 그들이 종합검진을 위해 방문하면 우리는 일일이 데리고 다니면서 통역은 물론 검진에 필요한 서류작성과 절차를 꼼꼼히 챙겨주었다. 그 정도는 거래처에 대한 예의라 별 부담이 없지만 좀처럼 속을 드러내지 않는 그들의 인간관계 때문에 더 이상의 친밀감은 생기지 않았다.

그런데 한번은 그 회사 대표가 줄기세포 뱅킹을 위해 부인과 함께 우리 병원을 찾아왔다. 의사의 직감인지 촉인지는 모르지만 나도 모르게 그의 부인 종아리를 훑어보게 되었다. 자칫 오해의 소지가 있을 일이지만 그녀의 수상한 종아리가 내 눈에 띈 이상 그냥 넘어갈 수 없었다. 그녀는 한눈에도 수수한 옷차림이었는데, 어울리지 않게 야해 보이는 까만색 망사 스타킹을 입고 있었다. 자세히 살펴보니 피부병으로 인한 피부변색 때문이었다.

사정을 듣고 보니 그녀는 30년 넘게 피부병을 앓고 있었는데 증세가 좋아질 때도 있지만 대체로 거북이 등껍질처럼 딱딱하게 굳어 있을 때가 많고 여름이면 특히 증세가 심해진다고 했다. 실제로 만져보니 피부가 경화되어 손톱이 들어가지 않을 정도로 딱딱했다. 그녀는 자가면역성 질환인 심한 말초동맥염이었다. 류마티스와 아토피 같은 질환처럼 자신의 조직성분에 대해 자가 항체가 반응하여 손상을 일으키는 질환으로 괴사가 나타날 뿐만 아니라 백혈구와 림프구의 침윤까지 보일 수 있는 희귀성 난치병이라 할 수 있다.

돈이 없어 치료시기를 놓친 것도 아니고 30년 넘도록 그 다리로 살았다는 것이 이상해서 물었더니, 사장 역시 부인의 다리를 치료하기 위해서 온갖 방법을 동원해 보았지만 효과를 보지 못했다고 했다. 우리 병원에서 줄기세포치료를 해보면 어떠냐고 권했더니 처음에는 별로 믿지 않는 눈치였다. 오랜 시간 알고 지낸 사이였고 사업적으로도 충분히 믿을 만한 관계인데, 사장은 반신반의하는 눈치였다. 하지만 그는 고맙게도 나를 믿어주었고, 아내의 치료를 부탁했다. 해서 그녀는 봄부터 여름까지 줄기세포치료를 받으며 30년 동안 신고 있었던 검은 망사스타킹을 벗어버릴 수 있게 되었다.

처음 주사를 맞았을 때는 당연 별 효과가 나타나지 않아 실망하는 눈치였다. 하지만 두 번째, 세 번째 치료가 끝난 후에는 피부병이 더 진행되지 않고 딱딱했던 피부가 서서히 풀리고 있다며 좋아했다. 약을 쓰지 않아도 피부 상태가 계속해서 호전되자 비로소 사장은 줄기세포치료에 대한 믿음을 보였다. 콧대 높은 사장의 믿음을 증명해 보여 자존심을 챙겼으니 나도 나쁘지 않았다.

그리고 얼마 후에 그는 온 가족을 데리고 다시 우리 병원을 방문해 두터워진 자신의 믿음에 방점을 찍어주었다. 모든 가족의 건강을 나한테 맡기겠다는 뜻이었다. 그것은 혹시라도 아내의 피부병을 자녀들이 물려받을까 봐 하는 염려 때문이었다. 사장 부부와 두 아들까지 뱅킹하더니 연로한 부모님까지 모시고 오겠다고 했다. 우리 병원 입장에서는 더 없이 고마운 일이라 모두 환영하지 않을 수 없었다. 그보다 그들이 통 크게 결제한 금액이 왠지 의사에 대한 신뢰라는 생각이 들어 더 흐뭇했다.

　의사는 솔직히 환자의 신뢰와 믿음 없이는 병을 치료하기 어렵다. 어떤 질병이든 일차 치료는 환자와 의사의 신뢰에서 시작되기 때문이다.

실패는 성공으로 가는 과정이다

의료 행위는 수많은 임상을 통해 증명되고 확인되어야만 환자에게 적용할 수 있다.

안전성 여부와 치료 가능 여부를 증명할 수 있을 때까지 반복적으로 해야 하는 일이고, 성공보다는 실패확률이 더 높아 엄청난 시간과 비용이 들기도 한다. 하지만 수십 번의 실패 끝에 얻는 성공은 연구자는 물론 의사와 환자에게 큰 수혜와 전환점을 만들어 준다. 나 역시 연구자 시절 수 없는 실패를 통해 오늘에 이르렀다. 아직 성공이라 단언할 수 없는 것이 지금도 여전히 이 일에 매달려 살고 있으니 성공보다는 실패의 과정에 있는 것인지도 모른다.

개원한 지 얼마 지나지 않아서 자율신경계 실조증에 걸린 환자를 치료한 적이 있다. 자율신경계 실조증은 교감신경과 부교감신경의 부조화로 생기는 질병으로 희귀병에 속한다. 존경하는 지인이 부탁해서 찾아온 환자였는데, 9~10년에 걸쳐 서서히 몸이 나빠졌다고 했다. 겉으로 보기에는 아무런 문제를 발견하기 어려울정도로 건강했는데 갈수록 혈압이 자꾸 떨어지면서 몸이 이상 신호를 보냈다고 했다.

왕성히 활동을 하던 성공한 사업가가 갑자기 혈압이 떨어지면서 맥을 못 추고 쓰러지니 가족들은 물론 주변인들의 걱정이 많았던 모양이었다. 사업상 파트너들과 골프를 치다가도 그런 증상을 자주 겪어 사회생활에 어려움을 겪을 수밖에 없었다. 병을 치료하기 위해 당연히 여러 병원을 순례한 끝에 나를 찾아온 사례라 나로서도 신중을 기해야 했다.

환자의 지인 중에 바이오 의약업계에 종사하는 사람이 있어 검사도 여러 번 받았고 외국까지 나가 병증의 원인을 찾았지만 특별한 이유를 발견하지 못했다는 얘기를 했다. 환자의 이야기를 들어보니 자율신경계 실조증이 맞았다. 자율신경계는 자신의 의지와 상관없이 스스로 혈압, 의식, 맥박을 유지하는데, 신경계가 실조되면 맥박이 빨리 뛰거나 정상혈압이 갑자기 뚝 떨어지는 현상이 나타난다. 혈압이나 맥박이 자율적으로 컨트롤 되지 못해 발생하는 증상으로 병이라기보다는 여러 기저 질환으로 인해 나타나는 증상을 갖는 병으로 보는 것이 더 정확할 수 있다.

환자의 골수를 채취해 배양한 다음 치료제를 만들어 첫 번째 주사를 투여했다. 그리고 얼마 후 두 번째 주사를 맞은 뒤 환자는 그동안 복용해 오던 약을 먹지 않았는데도 혈압이 떨어지는 증상이 전보다 약화되어 살만하다고 했다. 세 번째 주사를 맞은 뒤에는 신기하게도 정상혈압을 유지하게 되었다고, 예전처럼 골프장을 펄펄 뛰어다닐 수 있다고 자신감을 표현했다. 의사에게 환자의 상태가 좋아졌다는 말처럼 기분 좋은 말은 없다. 환자에게 나타나는 치료 효과가 모든 의료행위의 성공과 실패에 대한 결론이기 때문이다.

그 환자가 나를 찾아오기까지는 먼저 치료받았던 병원의 배려도 있었다고 했다. 의사로서 가지고 있는 경험이나 지적 체계에서 반론을 제기하며 줄기세포치료에 대한 효과를 단정하지 않을 수도 있기 때문이다. 물론 줄기세포치료제의 갈 길이 멀다는 것은 충분히 인식하고 있다. 그 환자의 경우 24시간 혈압기로 철저하게 모니터링을 하며 정상적인 혈압을 유지하는 데 아무 문제가 없음을 증명했지만, 그럼에도 불구하고 갈 길이 멀다고 하는 것은 환자마다 수많은 경우의 수가 있기 때문이다.

그 환자는 지금도 종종 정기검진을 받으러 온다. 치료 기간은 3개월이었지만 내가 그 환자의 경우를 통해 다른 환자를 연구하고 치료해 나가야 할 실패와 성공사례는 끝나지 않은 것이다.

의사와 사업가의 미래

파미셀 주최로 열리는 줄기세포 관련 심포지엄이 올해로 6회를 맞이했다.

첫 회 때는 주최 측의 홍보도 미약했지만 줄기세포 관련 분야가 지금보다 빈약해서 많은 호응을 얻지 못했는데, 올해는 사전등록자 수가 250명이 넘어 그 열기를 실감할 수 있었다. 심포지엄이 열리던 당일에는 현장등록자까지 있어 그 수가 훨씬 많았다. 예상했던 인원보다 참석자가 많아서 모두에게 식사 제공을 다 하지 못한 것이 안타까웠다. 그만큼 줄기세포에 대한 관심이 높아지고 있다는 뜻이다.

파미셀은 그동안 자체 연구를 발표하고 토론하는 자리를 마련했는데, 올해부터는 다른 줄기세포 회사들의 참여를 높이기 위해 주제의 폭을 넓혔다. 줄기세포 전문가들이 한자리에 모여 줄기세포치료제의 현재를 점검하고 바이오 융합기술을 이용한 차세대 줄기세포치료제 개발에 대한 최신 식견 및 노하우를 공유하기 위해서다.

현재 전 세계적으로 시판이 승인된 줄기세포치료제는 7개에 불과하다. 이중 4개는 국내 기업이 개발했을 정도로 줄기세포 연구에 대한 국내 기술력의 수준이 높고, 능력 있는 인재들도 많다. 그러나 줄기세포에 대한 연구와 치료제 개발은 빠르게 성장하고 있지만 환자들에게 직접 적용하여 치료할 수 있는 의사는 많지 않다. 내가 병원을 만든 것도 이러한 문제를 해결하고 보다 적극적으로 줄기세포 치료제를 알리기 위한 방법이라고 할 수 있다.

2011년 세계 최초로 급성심근경색 줄기세포치료제 '셀그램 - 에이엠아이Cellgram - AMI®'를 개발해 2015년 세계 3대 인명사전인 '마르퀴즈 후즈 후'에 등재되었을 때만 해도 국내 줄기세포치료 환경은 좋지 않았다. 치료 가능성이 큰 환자들이 혜택을 받지 못하고 사망하는 걸 경험하면서도 줄기세포치료 전문병원을 만들겠다는 계획은 요원하기만 했다. 투자를 받아 영리법인 형태를 갖추려고 해도 의료법이 허락지 않아 오랜 시간 고민 끝에 개인병원을 설립할 수밖에 없었다.

줄기세포치료제는 이제 2세대 치료제로의 상업화에 도전 중이며 미국의 유타대학과 협력해 연구를 진행하고 있다. 현재 유전자 치료제와 지지체Scaffold를 결합한 차세대 줄기세포치료제에 대한 연구가 진행되고 있어 머지않아 임상시험도 가능해질 것이다.

나는 의사이면서 사업가이다. 의사의 사명은 환자를 치료하는 것이지만 사업가가 할 일은 개발한 약과 치료제가 많은 환자들을 위해 쓰일 수 있도록 알리고 보급하는 것이다. 얼핏 비슷한 맥락 같지만 의사와 사업가의 역할 범위는 분명 큰 차이가 있다. 물론 의사와 사업가 모두 사명감만으로 할 수 있는 일은 아니다. 생명을 살리고 질병을 치료하는 일이지만 치열한 비즈니스로 연결되어야만 가능한 일이다.

두 마리 토끼를 모두 잡겠다는 사명이 욕심으로 비춰진다면 나는 어느 정도 성공했다고 자신한다. 파미셀 주가가 꾸준히 상승하고 있다는 것은 차세대 줄기세포치료제에 대한 관심이 그만큼 높아지고 있다는 증거라고 할 수 있다.

파미셀 주식만 사는 한 친구에게 한마디 했다.

"날 도와주려거든 주식을 사지 말고 환자를 데려와."

나를 생각해주는 친구의 마음을 모르는 것은 아니지만 그렇다고 마냥 좋아할 수만은 없는 것이 혹시라도 친구가 실망하는 일이 생길까 걱정되기 때문이다. 사업가라면 수단과 방법이라는 무기를 동원해야 하지만 나는 가장 본질적인 사람의 마음까지 비즈니스에 이용하고 싶지는 않다. 하지만 나를 위하고 내 회사가 잘 되길 응원하는 내 친구들을 위해서라도 우리 회사 주가가 팍팍 올랐으면 하는 소망은 있다. 그래야만 친구들에게 큰 소리 쳐가면서 술을 살 수 있지 않을까 싶다.

기적은 의사와 환자가 함께 만든다

어느 날 한 환자가 초췌한 모습으로 진찰실에 들어왔다. 한눈에 봐도 환자의 병이 얼마나 고약한지, 그동안 얼마나 힘들게 살았는지 알 수 있었다.

환자는 위암 말기로 지금까지 여러 병원을 전전하다 마지막에 우리 병원을 찾아왔다고 했다. 대학병원에 있을 때부터 만나온 수많은 암환자들과 다르지 않은 사례였다. 줄기세포치료제에 마지막 희망을 걸고 찾아온 환자에게 '걱정하지 마세요, 제가 낫게 해드리겠습니다'라고 장담하는 의사는 아마 없을 것이다. 병은 의사의 능력으로만 고치는 것이 아니라 환자와 함께 극복해나가는 것이다. 환자에 따라 아무리 좋은 치료제와 약을 써도 낫지 않는 경우가 있고, 가벼운 처방에도 씻은 듯 낫는 경우가 있다. 한 순간도 예측할 수 없는 것이 생명이라 의사의 판단은 그 어떤 경우에도 호언하기 어렵다.

그 환자가 물었다.

"선생님, 줄기세포로 치료하면 나을 수 있나요?"

금방이라도 내려앉을 듯 보이는 환자의 물음에 나는 대답 대신 시원하게 한 번 웃어주었다. 자신이 없어 얼버무리기 위해 웃은 것이 아니라 환자를 안심시키고 싶었다. 환자가 가장 듣고 싶어 하는 말은 치료할 수 있다는 확신에 찬 대답이었을 테지만, 우선은 환자가 마음을 안정시키고 의사를 믿는 게 더 중요하다. 웃음 한 번으로 환자의 믿음을 살 수 있을까 생각하겠지만, 대부분의 환자들은 의사의 표정을 보고 자신의 삶과 죽음을 읽는다. 의사의 표정이 어두우면 예후가 좋지 않고, 의사의 표정이 밝으면 '희망이 있구나' 하며 스스로 판단하기 때문이다. 병원 분위기도 딱딱한데 의사까지 무표정하거나 거만하면 환자들은 더더욱 움츠러들거나 초라하게 행동한다. 마치 자신이 뭔가 잘못했거나 죄를 지은 양 떨고 있는 모습을 보면 인간이 얼마나 나약한 존재인가 생각하게 된다. 해서 나는 환자에게 치료에 대한 확신보다 자신감을 먼저 심어주려고 노력한다.

"적에 대해 알았으니 이제 싸울 준비를 합시다! 누가 이기나 한번

해봅시다!"

비겁하게 포기하고 죽음을 기다리는 것보다는 용감하게 싸우다 죽는 것이 훨씬 간지 나는 일 아니냐고 말한다. 핏기 없는 환자에게 그런 말로 위로하는 나 역시 쓸쓸하기는 마찬가지지만 그래도 살아야 하는 것이 인생이라고 하지 않던가. 말기 암에 걸린 환자가 아니더라도 삶과 죽음은 세상에 널려 있다. 매 순간이 죽음이고 매 순간이 삶이고 현실이다.

의사가 환자를 절대 포기하지 않겠다는 신념을 보이면 환자는 비로소 의사에 대한 믿음을 갖고 자신의 질병과 싸울 준비를 시작한다. 기적은 신의 영역이 아니라 사람의 의지가 만들어내는 것이다. 삶에 대한 간절한 욕망이 치료에 대한 신념으로 바뀌는 순간 기적이 일어난다.

의사가 만들어낼 수 있는 최고의 기적은 환자를 낫게 하는 것이다. 치료가 불가능하다고 믿었던 질병을 치료했을 때, 의사는 히말라야 최고봉을 정복한 기분이다. 의학의 발전은 의사들의 그러한 신념과 용기로부터 시작되었으니 끝이 없는 질병과의 싸움에서 살아남으려면 의사와 환자 모두 도전을 멈추지 말아야 한다.

"그럼, 이제 시작해 볼까요? 누가 이기는지! 나는 세계 최초로 줄기세포치료제를 개발한 내과 의사 김현수입니다."

열망이 필연적인
유전자를 만든다

Chapter.**2**

같은 유전자 서로 다른 길

내 손은 덩치에 비해 작은 편이다.   손가락까지 가늘고 섬세해서 어릴 적부터 손이 참 예쁘다는 소릴 많이 들었다. 그때는 그 소리가 그다지 기분 좋게 들리지 않았는데 의사가 되고 나서는 내가 얼마나 귀한 손을 가졌는지 새삼 깨닫곤 한다. 의사에게 손이란 생명을 죽일 수도 있고 살릴 수도 있는 가장 중요한 수술 도구이다. 한 치의 오차를 허용하지 않는 수술에서 섬세하고 민첩한 손의 역할이 무엇보다 중요한 이유다. 이런 손을 가진 덕분에 나름 능력 있는 의사라는 소릴 들어왔으니 유전자를 물려준 아버지와 할아버지께 감사해야 한다.

내 손의 유전자는 할아버지와 아버지를 거쳐 나에게로 고스란히 이어졌다. 할아버지의 손에 대한 기억은 없지만 아버지로부터 삼대로 이어진 섬세한 손의 유전자에 대한 이야기를 들을 수 있었다. 유전자라고 하면 모양과 크기 성질 같은 고유한 특징을 가진 세포의 정보를 말한다. 이 세포들이 유기적인 관계를 만들어 유전자를 퍼트리는데, 나에게는 그 고유한 특징이 손으로 전해진 것이다. 아버지도 나도 우리는 서로의 손을 볼 적마다 흐뭇해했다. 더구나 우리는 의사라는 직업을 가지고 있어 동질감 또한 매우 컸다. 그러나 같은 손을 가졌지만 할아버지는 전혀 다른 일을 했다. 나와 아버지는 의사의 길을 선택했지만 할아버지는 무역상이었다. 할아버지의 삶이 우리와 달랐던 것은 유전인자도 어찌지 못하는 역사와 시대의 변곡 탓이었을 것이다.

할아버지는 그 작고 섬세한 손으로 일본과 동남아를 무대로 큰 무역을 했다. 대한제국시절이었고, 세계 열강들이 전쟁을 치열하게 했던 시기였으며 국민들은 더없이 가난했던 때였다. 할아버지는 가난한 세상을 이기려 그 작은 손으로 무역을 시작했다고 했다. 집안 내력상 수완 좋은 사람을 찾아보기 힘드니 그저 보따리상에 지나지 않았을까 했지만, 할아버지는 필리핀 마닐라에서 설탕을 수입해 팔았다고 한다. 당시 물류가 지금처럼 발달했던 때도 아니었고 설탕 한 봉지가 어떠한 선물보다 귀했던 시절이었으니, 할아버지의 작은 손에서 펼쳐진 담력과 수완이 보통은 아니었던 것 같다. 한석봉도 울고 갈 명필에 달변가였으며, 일본 상인들 조차 머리를 조아렸다고 하니, 세상사에 둔한 나로서는 아버지보다 할아버지의 능력을 온전히 물려받지 못 한 것이 못내 아쉽기만 한다.

무역업으로 큰돈을 번 할아버지도 한국전쟁을 피해갈 수는 없다. 다른 누구보다 세상사에 밝았던 할아버지는 전쟁의 징후에 빠른 판단을 내렸다고 한다. 함경북도 성진이 고향인 할아버지는 남쪽으로의 피난을 감행했고 다행히 무사히 월남했다. 양은 그릇 속 현금 다발도 무사히 월남해서 할아버지가 종로구 명륜동에 자릴 잡는 데 부족함이 없었다. 그러나 월남해서 안정을 되찾기도 전에 할아버지는 납북인지 월북인지 알 수 없는 이유로 가족들과 헤어지는 비극의 가족사를 남기고 말았다.

할아버지가 납북된 뒤 평화로웠던 한 집안은 빠르게 기울기 시작했다. 너나없이 어려웠던 시절이었던 만큼 먹고 사는 것은 해방촌에서 노점상을 한 할머니 덕분에 버틸 수 있었지만 연좌제에 묶인 자식들을 지켜보는 일은 피가 마르는 심정이었을 것이다. 아버지는 할아버지가 그랬던 것처럼 가난한 세상을 이기려 그 작은 손으로 의사의 길로 들어섰다. 시대가 만들어준 삶의 변곡점이 똑 닮은 손의 유전자를 할아버지는 무역을 하는 상인으로 살게 하고 나와 아버지는 의사로 살게 한 것이다. 작고 섬세한 손의 운명이 만들어나

갈 다음 세대가 어떠할지 기대 반 걱정 반인 것은 미래의 과학이 더 이상 유전자의 역할을 중요시하지 않을지도 모르기 때문이다.

필연적인 유전자의 시작

아버지의 의대 진학은
필연이었던 것 같다.

의사가 되라는 증조부의 강력한 권유는 당시 우리 사회에서 의사가 가난을 이길 수 있고, 성공에 이를 수 있는 최고의 직업에 속하기 때문이었을 것이다. 의사에 대한 사람들의 인식은 판검사 다음으로 사회적 위치가 있다고 판단했다. 그때나 지금이나 의대합격은 집안의 경사가 될 만큼 어려운 일이었고, 의사의 숫자는 턱없이 부족해 병원은 언제나 아픈 사람들로 들끓었기 때문이다. 의사에 대한 증조부의 열망이 필연적인 유전인자의 발현인지 아니면 사회적 환경의 영향 탓인지는 모르겠지만 어찌되었든 아버지는 서울고등학교를 졸업한 뒤 세브란스의전에 무난히 합격하셨다. 미뤄 짐작하건데, 명륜동 어느 골목에 아버지의 의대합격을 축하하는 대자보가 붙었을 것이 분명한데, 아버지한테 그 이야기는 전해 듣지 못해 증명할 길은 없다.

아버지는 세브란스 병원에 대한 자부심이 대단하셨다. 내가 기억하는 의대 관련 이야기는 모두 아버지로부터 전해들은 것이라 어릴 적에는 솔직히 의사에 대한 로망이 별로 없었다. 꿈과 환상은 일상적이고 익숙한 것보다 멀고 낯선 미래로 향해 있기 때문이다. 아버지의 대학시절과 전공의 시절 이야기는 자연스럽게 내게 빙의 되었지만 나는 오래전부터 의사를 꿈꾸지는 않았다.

그러나 아버지의 전쟁은 의전에 입학하자마자 시작되었다. 의대합격의 기쁨이 채 가시기도 전에 전쟁이 터져 가족들은 친척의 도움을 받아 마산으로 피난을 떠났고 아버지는 바로 해병대에 입대하게 되었다. 말로만 듣던 낙동강 전투에 투입되었었던 것이다. 한국전쟁사에서 낙동강전투는 가장 치열했던 전투라고 할 수 있다. 아버지가 그 낙동강 전투에 참전했다는 사실만으로도 우리에게는 충분한 영웅담이 되었다. 아버지가 통신병으로 복무했다는 사실을 말하지 않았다면 말이다. 남자들에게 군대와 전투는 자신을 영웅시하게 만드는 최고의 수단이 될 수 있다. 더구나 치열했던 낙동강 전투라니, 아버지가 전쟁을 승리로 이끈 일대 백의용사라고 믿고 싶었는데 통신병으로 복무했다는 소릴 들으니 솔직히 치열했던 감정이 식는 기분이었다.

아버지가 복무할 당시만 해도 군인들의 교육수준은 형편없이 낮았다고 했다. 전기 장치의 원리와 암호 해독 같은 어려운 문제를 풀고 다룰 줄 아는 군인이 필요했고, 의대 학생이라는 사실을 숨겼던 아버지가 통신병으로 차출되었다. 아버지는 매일 수많은 죽음을 목격해야 했고 아침이면 전날 죽은 희생자 만큼 새로운 얼굴들을 전쟁터에서 마주해야 했다. 이제 겨우 스무 살을 넘긴 젊은이들이 처참한 죽음으로 실려 올 적마다 두려움과 공포 때문에 제대로 잠을 잘 수 없었다. 아버지도 언젠가는 그들처럼 죽음을 당하거나 팔다리가 잘리는 끔찍한 부상을 당할 수도 있다고 생각하니 하루 빨리 전쟁터에서 벗어나고 싶었다고 했다.

의사 수가 절대 부족해 의대생들을 전역시켜 대학으로 복귀하도록 하라는 지시가 있었음에도 아버지는 그 사실을 뒤늦게 전달받았다. 의대에 재학 중이라는 사실을 숨겼기 때문이었다. 전쟁이라는 최악의 환경에 속한 군인들에게는 언제든지 뜻하지 않은 일들이 발생할 수가 있다. 거칠고 예민해질 수밖에 없는 상황에서 자칫 튀거나 특별해 보이는 것이야말로 최악의 경우를 초래하게 될 수도 있다는 뜻이다. 의대생이었던 아버지는 혹시라도 부대에서 자신이 월등해 보일까 봐 염려했고, 공연한 위화감으로 잘난 척한다는 오해

받기 싫었던 것이다. 다행히 아버지는 뒤늦게라도 이 사실을 알게
되어 전쟁이 끝나기 전에 전역해 학교로 돌아올 수 있었다고 했다.

정신의 한계는 의지가 만든다

나는 가난을 모르고자 랐다. 아버지 덕분이 다.

그러나 아버지는 당신처럼 튼튼한 울타리였던 할아버지의 부재로 폐허의 땅에서 많은 가족들을 혼자 책임져야 했다. 전쟁이 나지 않았더라면 아버지도 나처럼 할아버지의 튼튼한 울타리 안에서 가난을 모르고 살았을지도 모른다. 지난 과거일 뿐이라고 했다. 아버지는 술잔을 기울일 때마다 그 고단했던 기억을 내게 들려주곤 했다.

대학 게시판에는 등록금을 제때 내지 못한 아버지의 이름이 자주 걸려 있었는데 부끄러운 일은 아니었지만 게시판을 마주할 때마다 당신에게 지워진 삶의 무게가 느껴져 힘이 들었다고 했다. 때로는 친척들의 도움을 받기도 했지만 가족들을 책임져야 하는 것은 결국 아버지 몫이었다. 공부에 뜻이 없는 형제라면 모를까, 세 동생 모두 머리가 뛰어나 학업을 중단시킬 수도 없었다. 빡빡하게 짜인 학교 공부를 마친 뒤 허기를 채울 새도 없이 가정교사 집으로 달려갈 때마다 언젠가는 이 시련에서 벗어날 거라는 다짐을 하며 눈물을 삼켰다고 했다.

1950년대 중반 아버지는 졸업 후 인턴을 마치고 산부인과 전공을 시작했다. 일은 힘들어도 산부인과가 가장 돈을 많이 벌 수 있기 때문이었다. 적지만 월급을 받을 수 있고 병원에서 24시간 근무하며 먹고 잘 수 있어 숙식도 해결할 수 있었다. 그러나 집안 형편은 여전히 어려웠다. 용돈은 커녕 제대할 때 입고 나온 염색한 군복바지에 구멍이 나도록 단벌로 버텨야 했다. 동기생들 중 절대 떨어지지 않는 나일론 양말을 신고 다니는 사람은 딱 세 명이었다고 했다. 한 분은 아버지이고 다른 두 분은 우리나라 최고의 심장내과 전문의와 생화학의 최고 권위자라고 했다. 가난도 공부에 대한 세 분의 열정을 꺾지는 못한 모양이었다.

아버지도 대학에서 학생들을 가르치고 싶은 꿈이 있었다. 하지만 전문의 시험을 통과한 동기생들 대부분은 교수가 되거나 개업을 했고 나머지는 미국으로 가는 것이 최선이었다. 졸업생 절반 이상이 국내에 남기보다는 미국으로 가 의사가 되었다고 한 걸 보면 당시 우리나라의 의료 환경이 그만큼 열악해 의사들에게 큰 비전이 없었다는 뜻이기도 하다. 아버지는 수원 도립병원으로 파견시켜줄 것을 요청했다고 한다. 도립병원으로 파견 나가면 월급을 많이 받을 수 있기 때문이었다. 당신의 꿈과 이상을 실현하기 위한 선택이 아니라 가족과 친인척들을 돌보기 위함이었다니, 책임이 아니라 숙명이라고 생각해야 버틸 수 있었을 것이다. 분유 값이 떨어져 간호사에게 손을 내밀어야 했던 것은 월남한 집안의 장남이 감당해야 할 팔자 같은 것이었다. 팔자가 아니라 당신이 책임지지 않으면 안 된다는 책임감에서 벗어날 수 없었던 것인지도 모른다.

의사라는 번듯한 직업이 있음에도 불구하고 아버지는 여전히 어려운 생활에서 벗어나지 못했다고 한다. 그렇다고 세상을 원망하거나 누구 탓이라고 생각하지도 않았다. 자신에게 주어진 운명이니만큼 자신이 극복해 나가야 한다는 신념으로 버텼다. 그러니까 아버지는 오십 키로도 안 되는 작은 체구로 전쟁과 학업, 가족 부양이라는 혹독한 이삼십 대를 보낸 것이었다.

아버지는 늘 하고자 하는 의지만 있다면 정신의 한계는 없다고 말씀하셨다. 한계는 자신 스스로가 정하는 것이지 세상이 시험하는 것은 아니라고 했다. 그런 아버지의 술잔 속에는 언제나 잔잔한 그리움이 녹아 있었다. 지난 삶에 대한 회한과 원망이 아니라 뜨겁게 살아온 당신 삶에 대한 그리움이었다. 아버지의 그런 삶이 대단해 보였고 아버지가 지켜온 그런 철학이 부러웠다. 나도 아버지처럼 그렇게 살아갈 수 있을지 뒤돌아보게 되었다. 과연 내가 극복할 수 없는 문제인지, 마음속 나태함으로 먼저 주저앉은 것은 아닌지, 아버지를 떠올리며 수없이 되뇌었다. 한계에 부딪힐 때마다 아버지가 보낸 치열한 청춘의 시간들 덕분에 내가 지금 유연한 삶을 살고 있는 것이라고 위로한다.

아버지의 꿈과 열정 '수원기독병원'

수원기독병원은 내과와 외과, 이비인후과, 산부인과 등을 갖춘 종합병원이었다.

아버지가 도립병원에 근무할 당시 함께 일했던 네 명의 의사들과 함께 만들었다고 한다.

개원 당시에는 미국의 원조로 다른 병원보다 시설이 좋아 많은 관심을 받았으며 찾아오는 환자들도 많았고 의사들에 대한 평가가 좋아 규모가 금세 커졌다. 병원 식구들이 늘어나다 보니 병원은 항상 사람들로 북적거렸고 어린 나는 사람들의 귀여움을 독차지하며 병원을 놀이터 삼아 살았다. 병원을 지을 때부터 여기저기 휘젓고 다녀 어느 곳이나 익숙했고 아버지를 비롯해 모든 사람들이 내 칼싸움의 상대였다. 진료실이나 분만실, 대기실

등을 돌아다니다 아버지와 마주치면 무조건 "아빠, 십 원 만!"하고 소리쳤다. 진료를 보던 아버지는 느닷없는 나의 출현에 놀라 얼른 주머니 속에서 십 원을 꺼내 내 손에 쥐어주며 나가라고 등을 떠밀었다. 늘 십 원짜리를 준비하고 다니셨던 듯 아버지는 내가 손을 내밀 적마다 한 번도 그냥 뿌리치는 법이 없었다. 십 원짜리 지폐를 내 손에 쥐어주며 날 쳐다보던 아버지의 그 눈길이 여전히 생생한 것은 나도 부모가 됐기 때문일 것이다.

아버지 덕분에 나는 금수저라는 소릴 들으며 성장했다. 능력 있는 의사아버지를 두었으니 우리 사회 눈높이로 보자면 맞는 소리다. 아버지가 형과 나에 대해 가장 걱정했던 부분도 바로 그런 문제였다. 부모 백 믿고 제 갈 길을 찾지 못하는 젊은이가 될까 봐 아버지는 자주 밥상머리 교육에 신경을 쓰셨다. 본인의 능력으로 이루지 못한 꿈에 대한 이야기였다. 목표와 정상만 앞세우는 경쟁구도에서 오래 살아남으려면 남의 도움이 아닌 자신 만의 능력을 키워야 한다고 하셨다. 그것은 아버지에게 의지하려는 자식들을 자주 부끄럽게 만들었다. 당신의 고된 삶을 거울삼으라고 하는 것이 아니라 적극적으로 열심히 살라는 뜻이었다.

아버지는 아무것도 모르는 나와 형을 앉혀놓고 그날 성공한 수술에 대해 이야기했다. 마치 강의를 하듯 전문적인 의학용어를 써가며 말씀하셨다. 그때는 아버지가 한잔 술에 기분이 좋아 그냥 하시는 얘기라고 크게 신경 쓰지 않았다. 아무리 바빠도 나와 형을 뒷산으로 데려가 망원경으로 천체를 보게 하고, 수많은 별자리와 지구환경, 자연과학의 중요성을 이야기할 때도 아버지의 시간이라고만 생각했다. 지나고 보니 아버지의 그 모든 이야기는 한마디도 헛된 것이 없었다. 아버지와 함께한 그 모든 이야기들은 나도 모르게 의식 깊숙이 박혀 있다가 문득 또는 오랜 숙성의 과정을 통해 밖으로 자주 표현되었다. 닮았다는 것은 물려받은 유전자 문제가 아니라 가르침이고 받아들임이라는 사실이었다. 같은 유전자를 가진 형제라 해도 전혀 다른 길을 가는 이치와 같은 것이다.

미국에서 의료용품과 기구들이 들어오는 날은 병원식구들 모두 정신이 없었다. 진료가 끝나면 병원 식구들이 총 출동하여 팔달산 근처 넓은 공터에 산더미처럼 쌓아놓은 원조품을 병원으로 나르기 시작했다. 박스 속에 든 물건들이 궁금했던 나는 사람들 눈치를 살펴가며 내용물을 뜯어보곤 했는데, 낱개로 개별 포장된 일회용 주사기는 탐나는 장난감이었다. 일회용 주사기는 수원기독병원에서만 쓸 정도로 비중 있는 의료용품이었다. 그만큼 당시 우리의 의료 및 의약품 개발 수준은 매우 낮아서 원조 또는 수입에 의존하는 부분이 컸다.

그러나 원조를 받아 병원의 규모는 커졌지만 지속적이고 안정적인 경영에는 실패했다. 산업화가 진행되면서 서울과 수도권에 차츰 현대화된 병원들이 들어서기 시작했던 것이다. 병원에 환자가 줄기 시작하니 맨 먼저 외과가 독립을 선언하고 나갔다. 얼마 지나지 않아 이비인후과까지 나가자 아버지의 진료과인 산부인과와 내과만 남게 되었다. 빠르게 성장하는 의료 환경을 따라가지 못하니 병원은 금세 경영난에 빠졌다. 누구에게 책임을 물을 일도 아니었고 원망할 일도 아니었다. 자본의 힘이 없으면 변화하는 시장에서 도태되는 것은 당연했다.

그래도 아버지는 기독병원에서 일할 때가 의사로서 가장 보람 있었다고 했다. 풀빵 두 개로 하루를 버티던 시절을 생각하면 몸은 고달파도 가장으로의 역할을 제대로 할 수 있어 뿌듯했다고. 아버지는 매달 날을 정해 친인척들을 모두 불러 모았다. 친가와 외가 식구들까지 합해 항상 십여 명 이상의 친척들이 아버지 초청으로 우리 집에 모였는데, 그때마다 나는 잔치 집을 연상케 하는 집안 분위기가 마냥 좋기만 했다. 아버지는 친척들 한 명 한 명에게 일일이 안부를 물어가며 문제가 있으면 해결 방안을 제시해주었고, 경제적 도움이 필요한 사람에게는 거침없이 도움을 주겠다고 약속했다.

어릴 적에는 아버지의 그런 모습을 당연하게만 생각했다. 내가 기억하는 아버지는 언제나 당신이 모든 걸 책임지고 당신이 모든 걸 해결하는 사람이었다. 나도 그럴 거라고 믿어 의심하지 않았다. 그러나 그건 아버지였기에 가능한 일이었다. 내 가족만 챙기며 살기에도 빠듯한 세상에서 새삼 아버지를 떠올리게 되는 것은 도저히 따라갈 수 없는 아버지의 삶이 여전히 나를 지배하고 있기 때문이다.

책임을 느끼기는 쉽지만 그 책임을 끝까지 실천하며 산다는 것은 쉬운 일이 아니다. 누구나 모범적이고 성공한 삶을 살고 싶어 하지만 그런 삶 속으로 뛰어들어 행동하고 실천하는 이들은 많지 않다. 아버지라고 왜 자신에게 지워진 짐을 내려놓고 싶지 않았을까. 분명 불합리한 세상에 대해 호통치고 싶었을 것이다. 술잔을 가득 채울 때마다 버릇처럼 당신의 지난 기억을 털어놓았던 것도 당신의 삶을 위로받고 싶어서 그랬을 것이다. 산부인과 전문의로 처음 출발해 열정을 다했던 기독병원이 문을 닫던 날 아버지는 늦도록 술자리를 떠나지 못했다. 의지를 다졌던 사람들과도 헤어지려니 아쉬움과 안타까움이 많았다. 일이라는 것은 인연을 맺는 일이기에 함께했던 사람들과의 이별도 쉬운 일은 아니었을 것이다.

통큰 유전자를 가진 어머니

수원기독병원 행사 중 개원기념일 다음으로 큰 행사는 김장하는 날이었다.

병원 식구들과 우리 가족, 입원환자들 식사까지 책임져야 하는 어머니에게 김장은 가장 큰 숙제였다. 어머니가 큰 트럭에 배추를 싣고 병원 앞마당으로 들어서면 다들 입을 딱 벌렸다. 산더미처럼 쌓아놓은 배추가 김치가 되기까지는 많은 시간과 손이 필요했다. 도우미 아줌마 셋이 감당하기는 무리라 병원의 남는 손들과 동네 사람들까지 죄다 참여할 수밖에 없었다. 배추를 절이고 씻고 양념을 한 뒤 항아리에 담아 앞마당에 묻기까지, 어머니의 리더십이 아니면 어려운 일이었다. 무슨 일을 하던지 넘치게 만들어 함께하는 이들이 어려운 줄 모르고 일했지만 가끔은 어머니의 과한 행동을 이해하기 어려울 때가 많았다. 당신이 챙기지 않으면 큰일이라도 나는 양 김치 항아리를 가득 싣고서 투어를 하듯 친척집들마다 방문했다.

어머니의 그런 넉넉한 베풂에 우리 집은 항상 손님들로 들끓었다. 안주인의 마음 씀이 크면 가장이 힘들 수도 있건만 다행히 아버지는 어머니 하는 일에 별 이견이 없었다. 두 분의 정이 워낙 두텁기도 했지만 가족관계를 현명하게 이끌어가는 어머니에 대한 믿음이 크셨다.

어머니도 아버지처럼 한국전쟁 때 평양에서 월남해 강원도 진부에 정착하신 분이다. 아는 분의 중매로 맞선을 보았는데 아버지는 첫눈에 어머니가 맘에 드셨다고 했다. 당시 어머니는 숙명고등학교를 나와 교사자격증을 취득한 뒤 진부에서 아이들을 가르쳤다.

외조부가 진부에서 제제소를 크게 해 강원도 일대에서는 소문이 날 만큼 큰 부자였다. 어린 시절 외삼촌 자동차를 타고 진부 일대를 둘러본 적 있는데 가는 곳마다 외조부 땅이라고 해서 놀랐다. 더 놀라운 것은 글을 모르는 외조모가 그 많은 재산을 관리했는데, 자신만의 그림과 기호로 한 번도 실수하지 않았다는 사실이다. 하지만 재산이라는 것이 모으기는 어려워도 쓰기는 쉽다는 말이 있듯 외가의 가세는 외조모가 돌아가시고 난 뒤 외삼촌에 의해서 빠르게 기울었다. 외삼촌의 야망과 이상이 너무 큰 탓이었다. 외삼촌은 오대

산을 국립공원으로 만든 기념비적인 사람이라고 할 수 있다. 자신의 이익과는 상관없는 오로지 오대산의 깊고 우아한 생태환경을 지키고자 정부 관리들을 설득한 나머지 국립공원화 하는 데 성공했다. 개인적인 욕심보다 낭만적 이상이 커 항상 손해 보는 일에만 앞장섰던 탓이다.

어떻게 사는 것이 가장 바람직한 삶인지 정답은 없어 보인다. 한 사람의 인생을 논할 때 기준이 되는 것은 그가 살면서 주변인들에게 끼친 영향을 간과할 수 없다. 아버지와 어머니처럼 가진 것 이상으로 남을 챙기며 사는 인생도 있지만 평생 남의 도움을 받으며 사는 이기적인 인생도 있다. 어느 인생이 옳고 그른지는 더 살아 봐야 알겠지만 내 눈에 비친 사람들의 모습을 보면 그래도 도리와 의리를 지키며 사는 이들에 대한 향수가 더 크고 소중하게 느껴지는 것이 사실이다.

지금은 외조모의 모습이 흐릿하지만 어린 시절 청정지역이라고 할 수 있는 강원도 진부에 가면 소박하면서도 따뜻했던 외조모가 두 팔 벌려 반겨주던 기억이 오롯이 남아 있다. 깊고 울창한 강원도 산자락만큼이나 굴곡진 삶을 살다 돌아가신 외조모의 부재로 강원도에 대한 추억은 점점 잊히고 아이는 어느새 청년으로 성장했다. 그 많던 외가의 재산이 사라졌다는 것은 그곳에서 악착같이 뿌리내리고 살던 한 세대가 끝났다는 소리나 마찬가지였다. 외삼촌의 느닷없는 방문은 항상 아버지에게 도움을 요청하기 위한 것이었고, 그때마다 아버지는 숙명인 양 도움의 손길을 뿌리치지 않았다. 수양버들 그늘이 천리를 간다는 옛말처럼 어머니와 아버지도 어느 순간부터 당신들이 가진 넉넉한 그늘로 찾아드는 사람들을 품지 않을 수 없게 되었을 것이다.

그런 면에서 어머니와 아버지의 가치관은 크게 다르지 않았다. 두 분 사이가 아무리 좋아도 주변 환경이 좋지 않으면 틈이 가기 마련인데, 아버지는 어머니가 누군가를 위해 기꺼이 내준 다이아반지에 대한 서운함을 표시하지 않으셨고, 어머니는 누구든지 거절 못하고 내어주는 아버지를 원망하지 않았다. 만일 자신들만 챙겼다면 큰 대학병원으로 키워갈 수도 있었을 텐데, 그보다는 주변인들에 대한 연민이 더 소중했던 모양이다. 천만 관객이 들었던 국제시장이라는 영화 주인공처럼 내 부모도 역사와 세상에 떠밀려 어쩔 수 없이 그렇게 살았다고 할 수 있을 것이다. 하지만 나는 자식이기에 좀 더 이기적으로 살지 못하고 돌아가신 아버지에 대한 속상함이 크다.

재산을 남기지 못한 것에 대한 서운함은 결코 아니다. 일과 주변인들에게 치여 사느라 아버지의 인생을 온전히 살지 못한 것에 대한 안타까움이다. 국제시장의 황정민처럼 자신은 없고 오로지 가족과 세상만 있는 그런 삶을 살다간 앞선 세대들을 돌아보지 않을 수 없다.

최고의 산부인과 고려병원

수원기독병원은 결국 경영악화로 1983년 문을 닫았다.

내가 대학교 2학년에 재학 중이었는데, 아버지가 산부인과 전문병원을 개원하기 위해서 고심 중이라고 했다. 병원을 짓자면 큰돈이 필요한데 아버지에게는 그만한 돈이 없었다. 아버지는 돈을 구하기 위해서 이리저리 백방으로 뛰어다녔다. 먼 미래를 위해 사두었던 강원도 땅과 지금의 동탄에 있던 땅까지 헐값에 팔고 은행 빚과 친척들의 돈까지 빌렸다. 동탄 땅은 지금의 동백지구로 팔지 않고 가지고 있었다면 준 재벌 소리는 들을 수 있을 정도로 큰돈이 되었을 것인데, 아버지는 가차 없이 팔아서 병원 만드는 일에 올인 했다.

의대에 다니고 있던 나는 무리하게 추진하는 아버지의 병원 개원을 말렸다. 의사로서의 자존심과 의지보다는 아버지가 예전처럼 무거운 짐을 다시 지게 될까 봐 불안했다. 아버지는 단호했다. 당신은 사업가로 성공하고 싶은 것이 아니라고 했다. 모험이 아니라 마땅히 가야할 길이라고 했다. 의사였기에 가능한 일이었다.

마침내 수원 최고의 산부인과 고려병원이 개원하던 날 아버지는 만감이 교차하는 얼굴로 가족 모두가 지켜보는 앞에서 현판식을 시행했다. 병원을 만들기 위해 속 끓이며 동분서주하던 아버지 모습을 봐 왔기에 나 역시 설레면서도 뭉클했다. 아버지와 같은 길을 걸어가고 있으니 나도 언젠가는 아버지처럼 어떤 결정을 해야 하는 날이 올 것이었다. 그렇다면 나도 아버지처럼 사업가적 안목이 아니라 의사로서의 결정을 제대로 할 수 있을지 의문이었다. 나 자신이 너무 부족하다는 걸 알기에 자신할 수는 없지만 그래도 의사로서의 본분을 잊고 다른 것에 더 큰 욕심을 내는 인간으로 살지는 않을 거라고 생각했다.

아버지의 노력 덕분에 병원은 차츰 안정되어 갔다. 산부인과 전문의가 많지 않던 시절이라 고려병원은 서울과 수도권에서 소문이 날 정도로 알려졌다. 병원 시설도 좋지만 아버지에 대한 믿음이 커서 먼 곳에서까지 산모들이 찾아올 정도였다. 지금은 워낙 출산율이 낮아 산부인과 수가 줄었지만 1980년대 중반까지만 해도 그 이

전에 펼친 출산장려정책과 산아제한이 맞물리면서 산부인과를 찾는 사람들이 많았다.

피임약 또한 일반화되지 않아 산부인과를 찾는 여성들 중 다른 부인과 진료보다 중절수술이 차지하는 비중이 높았다. 서구에서 여성 피임약이 본격적으로 개발되기 시작한 것은 1950년대 초기로 배란을 억제시키는 약품이었다. 우리나라는 가족계획 사업이 실시되면서 고용량의 호르몬약이 판매되기 시작했는데 성에 대한 인식 부족과 부작용 우려 때문에 사용하려는 여성들이 많지 많았다.

출산장려정책은 전쟁이 끝난 뒤 급감한 인구수를 회복하기 위해서 펼쳤다. 먹고 사는 문제가 절실했음에도 출산장려정책을 펼쳤던 것은 산업화시기 생산인력이야말로 국력으로 직결되기 때문이었다. 그러나 1960년대에 이르러서는 인구 증가가 기대이상으로 폭증해서 역으로 산아제한을 해야 했다. 가임여성 한 명당 출산율이 약 여섯 명이나 되었던 것이다. 당시 보건복지부에서 '덮어 놓고 낳다보면 거지꼴을 못 면한다' 같은 강한 메시지로 산아제한 캠페인을 벌였고, 무려 80년대 초까지 가족계획을 중요 정책으로 삼다보니 출산율은 현재 지속적으로 낮아지고 있다. 내가 초등학교를 다니던 1970년대도 오전반과 오후반으로 나눠 공부를 해야 할 만큼 학생 수가 많아 교실 수가 턱없이 부족했다. 출산장려와 산아제한이라는 정부정책이 학생 수와 의료 환경을 수시로 바꿔 놓은 것이라고 할 수 있다.

　병원이 잘되니 가족 모두 병원 일에 매달려야 했다. 아버지는 병원 옆에 있는 스무 평짜리 작은 빌라를 얻어 살았다. 어머니와 형이 함께 살면서 병원 일을 도왔고 나는 시간이 날 때마다 집으로 와 아버지를 도왔다. 전공이 다른데도 불구하고 아버지와 고려병원은 의사의 기본을 배울 수 있고 실습할 수 있는 더없이 좋은 현장이었다. 어느 체계보다 엄격한 의대 과정을 생각하면 감히 구경조차 할 수 없는 의료과정을 가까이서 지켜볼 수 있었다. 그래봐야 자잘한 심부름이나 보조역할이지만 그때 이미 나는 아버지로부터 의사로서의 이성적 판단과 의료행위에 대한 자세를 익혔다. 가끔은 실수를 해 아버지의 따끔한 충고를 듣기도 했지만 당신과 같은 길을 가고 있는 자식을 흐뭇한 시선으로 바라볼 때도 많았다.

파독간호사 미스 강

내가 태어났을 즈음 아버지 병원에 간호사 미스 강이라고 있었다.

그녀는 드물게 정규 간호대학을 나온 전문 간호사로 독일에 갈 때까지 꽤 오랜 시간 우리 가족과 인연을 맺었다. 아버지는 총명하고 바지런한 미스 강을 매우 아끼셨고 나도 그녀에게 업히는 걸 엄청 좋아했다고 한다. 당시 병원에 있던 간호사들 대부분은 간호학원 출신들로 정확히 말하면 간호조무사들이라고 할 수 있었다. 간호조무사들을 선발하고 관리하는 일은 주로 어머니가 맡으셨다.

1960년대는 한국경제가 고도 성장기에 접어들었지만 국민소득은 턱없이 낮을 때였다. 도시와 농어촌의 빈부차이도 심해서 강원도 산골에서 서울로 유학을 가려면 그야말로 빚을 내던지 외가처럼 부자로 살던지 해야만 가능한 일이었다. 진부는 더구나 강원도 오지여서 산업화는 한참 늦게 시작되었고, 농사와 벌목이 지역사람들의 유일한 생존수단이었다. 거기다 남아선호 사상에 대한 뿌리가 깊어서 아들은 외지로 내보내 공부를 시켰지만 여자애들 대부분은 공장으로 가지 않으면 도시로 나가 가사도우미가 되는 경우가 흔했다.

누구보다 진부에 대해 잘 알고 있었던 어머니는 병원에 간호사가 필요할 때마다 진부로 가 서너 명의 여자애들을 데려왔다. 보따리 하나만 달랑 들고 나타난 그 소녀들은 하나같이 새까맣고 깡말라서 한눈에 봐도 산골 소녀라는 게 표시 날 정도였다. 사방이 산으로 가로막힌 진부에 살다 갑자기 도시로 나왔으니 모든 게 당황스러웠을 것이다. 소녀들은 다른 사람들과 눈도 제대로 맞추지 못했고 목소리 한번 크게 소리 내지 못했다. 불안한 눈빛을 어디에 둘지 몰라 한동안 전전긍긍하는 모습이 역력했다. 하지만 하루 이틀이 지나고 한 달이 지난 뒤 그녀들을 보면 전혀 다른 사람이 되어 있었다. 모두 어머니 덕분이었다. 어머니가 그녀들의 규칙적인 세 끼 식사와 위생관리는 물론 철저한 교양 교육을 시켰다. 초등학교만 졸업한 여자애들에게는 검정고시를 보게 했고, 다른 공부에 뜻이 있는 여자애들에게는 인맥을 동원해서라도 일자리를 알아봐 주었다. 사람들 앞에서 입조차 떼기 두려워하던 여자애들이 차츰 때깔을 벗고 자신감을 찾아갈 때마다 어머니는 대견한 듯 바라보았다. 누군가 검정고시라도 패스하는 날에는 병원식구들까지 불러 모아놓고는 당신이 시험에 붙은 양 즐거워했다.

그들 중 조무사 학원을 마치고 시험에 통과한 사람을 아버지 병원에 투입되어 정식 조무사로 일했다. 어떤 간호사는 수술 중 한 손으로 바늘에 실을 끼워 줄 정도로 손 기술이 뛰어나 아버지도 깜짝 놀랐다고 했다. 수술 방에 들어와 어시스턴트를 하려면 웬만큼 노련한 간호사도 힘든데, 겨우 2~3년 밖에 안 된 간호사가 수술 중 그것도 한 손으로 바늘귀에 실을 끼워 건네줄 정도로 뛰어나 놀랄 때가 많았다는 것이다. 경험상 그것은 불가능에 가깝지만 사람이기에 또 가능한 일이라며 가끔 당시를 떠올리곤 했다.

그 소녀들이 성장해서 결혼할 때가 되면 어머니는 특별한 선물을 준비했다. 한 때 최고의 혼수품이었던 일명 브라더미싱이었다. 바느질과 뜨개질을 많이 하던 시절이라 여성이라면 누구나 브라더미싱에 대한 로망이 있었다. 오랜 시간 함께 생활하다 보니 어머니 입장에서는 그녀들이 딸로 느껴졌던 모양이었다. 그녀들은 결혼 후에도 잊지 않고 친정집인 양 어머니를 찾아와 회포를 풀고 돌아가곤 했는데, 나 또한 그녀들이 반가워 기다릴 때가 많았다.

그녀들 중 한 명인 미스 강은 내가 대학을 졸업할 때까지 연락을 주고받다가 어느 순간 소식이 끊어졌다. 그녀는 아버지 병원에서 일하다 중간에 파독간호사로 떠난 경우였다. 파독간호사는 1960년 대 초부터 80년대까지 정부에서 실업문제를 해결하기 위한 방편으로 서독에 광부로 일할 근로자와 간호사를 대거 파견한 일이다. 당시 한복을 곱게 차려입고 비행기 트랩을 오르던 파독 간호사들의 이미지는 대단히 상징적이었다. 떠나기 전까지는 아마 생각지 못했을 것이다. 돌파구를 찾기 위해 선택한 낯선 땅 독일에서 그녀들이 겪어야 할 고통을 말이다. 미스 강도 그때 서독으로 떠났다가 그쪽의 소아과 의사랑 결혼했다. 가끔씩 미스 강이 독일에서 선물을 보내왔는데, 어머니는 그 선물을 받을 적마다 한참동안 감정을 주체하지 못했다. 미스 강에 대한 안타까움과 고마움 그리움이 밀려오는 듯 그녀에 대한 이야기를 여러 번 반복했다.

2005년 한국사회를 떠들썩하게 했던 황우석 씨랑 독일에 간 적이 있었다. 바이오 분야 관련 강의 차 독일에 갔다가 미스 강을 찾았는데 어떻게 된 일인지 소식이 닿지 않았다. 나이가 있어 무슨 문제가 생겼을지도 모른다고 생각하니 귀한 인연이 끝난 것은 아닌가 싶어 무척이나 서운했다. 황우석 씨는 기자들을 몰고 다니며 야단법석을 떠는데 나는 그 사람 뒤에서 오래전 인연을 찾느라 시간을 보냈다.

혹독함이 나를
성장시켰다

Chapter.3

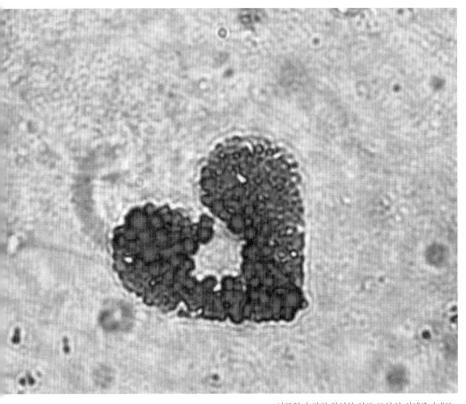

연구원이 직접 촬영한 하트 모양의 성체줄기세포

만만하게 보았던 의과대학

의대를 목표로 공부한 것은 아니지만 필연처럼 나는 의대에 입학했다.

그때나 지금이나 의대에 들어가려면 전국 상위 1% 성적은 돼야 하는데, 전교 성적 1% 안에도 들지 못해 솔직히 의대는 생각하지 않았다. 그러나 아버지는 나와 생각이 달랐던 모양이었다. 서울의 명문 의대는 못 가도 지방 분교라도 보내고 싶으셨던지 연세세브란스 원주 분교에 원서를 넣으라고 독촉하셨다. 처음 신설된 분교라 가능성이 높다고 판단하셨던 것이다. 의대에 가고 싶은 의지도 없는데 더구나 지방까지 내려가 공부를 하라니 흥미가 당기지 않았다. 그렇다고 아버지 말씀을 어길 수도 없고 고민 끝에 그냥 원주 분교에 원서를 넣었다. 떨어져도 미련 없다고 생각했는데, 덜컥 합격 소식이 날아왔다. 은근 좋으면서도 걱정이었다. 자존심은 챙겼지만 부모님과 떨어져 원주까지 내려가야 한다고 생각하니 심란했다.

이런저런 생각이 많았지만 별다른 대안이 없던 터라 나는 어쩔 수 없이 가방을 싸들고 원주로 갔다. 그런 내 맘을 읽은 아버지께서 말씀하셨다.

"훌륭한 의사는 학교 이름이 만드는 것이 아니라 네 노력이 만든 단다."

등에 꽂힌 그 말씀을 기억해 내기까지는 시간이 걸렸지만 당시에는 그리 흡족한 마음으로 서울을 떠나지 않았다. 아버지가 명동의 한 양복점에서 양복까지 맞춰주며 나를 응원했는데, 입학 후에도 한동안 공부에 열의를 보이지 않았다.

처음 신설된 원주 분교는 학점에 대단히 엄격했다. 입학할 때에는 130명이었으나 졸업할 때에는 30여 명 정도였으니 학점이 미달되는 친구들이 많았다는 뜻이다. 나 역시 술이나 마시며 놀던 처지라 학점이 좋을 리가 없었다. 겨우 모면할 정도의 학점이라 언제 잘릴지 몰랐다.

정신을 차린 것은 2학년 1학기부터였다. 때마침 아버지 병원이 어렵다는 소리가 들렸다. 1973년부터 시작된 석유파동은 1980년까지 이어졌는데, 특히 우리나라에 미친 경제위기는 대단히 심각할 정도였다. 선진화를 꿈꾸며 매달렸던 고부가가치 산업과 중화학 공업에 제동이 걸린 것이다. 우리 경제 전반에 미친 영향이 얼마나 큰지는 구체적으로 모르지만 소비심리가 얼어붙는 것은 시간문제라고 했다. 그렇잖아도 병원 경영에 어려움을 겪고 있던 아버지에게 경제위기는 더 큰 시련이었다. 그 사실을 정확히 알게 된 것은 내 등록금이 제때 들어오지 않았다는 것을 확인하고 나서였다. 당황스러웠다. 아버지가 얼마나 어려우면 내 등록금조차 제때 못 주실까 생각하니 정신이 번쩍 들었다. 어쩌면 그때부터 철이 들기 시작했던 것인지도 모른다. 어려운 의대에 들어와 놓고선 술이나 마시며 아까운 시간을 낭비했다고 생각하니 스스로가 한심하기 짝이 없다. 우선 술과 잠을 줄이기로 결심했다. 한 번도 그런 결심해 본 적 없는데, 하루에 4시간 이상 잠을 자면 '나는 개새끼다' 라는 생각으로 공부에 매달리기 시작했다. 내 의지와 노력이 가상했던지 학점이 조금씩 오르더니 학년 말에는 올 A가 나왔다.

시험 직전에 다들 본다는 일명 족보집(기출문제 정리집)도 나는 보지 않았다. '내 사전에 족보는 없다' 는 결심으로 책은 무조건 세 번씩 통으로 외웠고 핵심내용은 별도로 정리해서 시험당일 공략했다. 공부에 맛을 알게 되니 묘한 성취감이 느껴졌다.

달라진 내 태도와 시험성적에 친구들도 놀라워했지만 교수도 처음에는 인정하는 분위기가 아니었다. 혹시라도 커닝한 것은 아닌가

해서 목사님을 찾아가 양심 선언하라는 소리까지 했다. 가까운 친구들 몇 명만이 내가 독하게 공부한다는 사실을 알고는 무언의 박수를 보냈다. 너무 잘해도 의심받는 세상이라 이상하거나 서운할 것은 없지만 그동안 내가 얼마나 한심하게 살았나 하는 자괴감이 들었다. 그때 내가 달라지지 않았다면 지금의 김현수는 상상하지 못했을 것이다. 남의 말하기 좋은 세상이니, 아버지 덕에 금수저로 태어나 잘 먹고 잘 사는 인생이라는 꼬리표를 달고 살았을지도 모른다.

의술보다 인술의 가치

달라진 내 모습에 누구 보다 기뻐하는 사람은 아버지였다.

점점 당신을 닮아가는 내게서 어떤 희망을 보신 듯 4학년 때는 고려병원에 특실까지 마련해 주면서 보조를 해달라고 했다. 의과대학생 주제에 수술실에서 어시스턴트를 한다는 것은 말이 되지 않지만 아버지는 나를 믿었다. 물론 처음부터 어시스턴트를 수락한 것은 아니었다. 오랜 시간 간호사를 도우며 많은 수술을 지켜보았다.

한번은 수술하기 전 아버지께 호된 소리를 들어야 했다. 수술 장갑에 묻어 있는 파우더가 깨끗이 씻겼는지 손가락 사이를 코 앞에 대고 살펴보다가 생긴 문제였다. 수술 장갑에는 장갑끼리 붙는 걸

방지하고 착용이 용이하도록 겉에 파우더 처리가 되어 있다. 수술 시에는 반드시 이 파우더를 생리식염수로 깨끗이 닦아내는데 그래 야 환자에게 감염을 일으키거나 장이 유착되는 사고를 막을 수 있 다.

이 사실을 모르지 않기에 나름 열심히 닦았다. 손가락 사이 오목한 곳까지 잘 닦였는지 확인하려고 얼굴 가까이 대고 살펴보는데, 이를 본 아버지가 눈을 크게 뜨며 수술가위로 내 손등을 세게 내리쳤다. 무심코 한 행동이었는데, 입을 통해서 수술 장갑이 감염될 수 있음을 경고한 조치였다. 손은 항상 팔꿈치 보다 더 높게 하고 양 손은 절대 마주 잡지 않으며 수술복에 닿지 않도록 해야 한다는 사실을 잊고 있었던 것이다. 수술 가위로 얻어맞아 손등이 아프기도 했지만 간호사들 앞이라 창피해서 얼굴을 찡그릴 수도 없었다. 나를 바라보는 간호사들의 눈빛이 마치 잘난 척하더니 그럴 줄 알았어 라고 비웃는 것만 같아서 한없이 작아졌다. 수술 방에서의 작은 실수가 한 사람을 살릴 수도 있고 죽일 수도 있다는 아버지의 호통으로 내게는 평생 준엄한 원칙 하나가 생겼다.

"씻은 손도 다시 닦자!"

개인병원은 대학병원과 달리 수술 환경이 좋을 수가 없다. 대학병원에는 숙련된 어시스턴트와 레지던트들이 있고 최첨단 의료기구들이 갖춰져 있지만 개인병원의 사정은 다르다. 첨단 의료기가 하는 일을 의사의 경험과 판단이 대신하는 경우가 많다. 그런데도 아버지는 별 경험이 없는 나 같은 어시스턴트와 간호사를 데리고도 수술을 성공적으로 끝냈다. 무엇보다 항생제 남용을 걱정해서 웬만해서는 투약하지 않았다. 지금 생각하면 상상하기 어려운 일이다. 싸구려 청진기와 시진, 타진, 촉진만으로 병을 진단하고 예측까지 했으니 환자는 그야말로 훌륭한 의사를 만나야 살 수 있다는 옛말이 틀리지 않는 거 같다.

현대의학으로 보자면 의사의 무모한 결단이고 판단이라고 할 수도 있지만 아버지는 한 번도 실패하지 않았다. 수많은 환자들을 통해 쌓은 경험과 학문적 지식을 바탕으로 한 두 손의 정확성을 믿었다. 평소에는 자상하고 따뜻한 아버지가 수술 방에만 들어가면 얼음처럼 차갑게 돌변해 감히 눈조차 똑바로 바라볼 수 없을 지경이었다.

아버지의 그런 엄한 가르침을 경험하고 나서 그런지 학교에서 산부인과 실습하는 걸 보고는 많은 실망을 했다. 레지던트 시절 산부인과 실습에 제 4번 어시스턴트로 참관하게 되었다. 산부인과라면 고려병원에서 이미 마스터한 터라 학교 실습이 영 시원찮아 보였다. 그래도 겸손하게 지켜만 보았어야 하는데 그만 "이러고도 애 낳을 수 있나요?"라는 시건방진 질문을 내뱉고 말았다. 순간 수술 방 공기가 차갑게 식었다. 당시 모 교수가 수술 중이었는데 나중에 나를 부르더니 혼쭐을 냈다. 산부인과 아버지에게서 뭘 좀 배웠다고 깝죽댄 꼴이라 부끄러웠다. 익을수록 겸손해야 한다고 귀가 닳도록 밥상머리 교육을 받았는데도 내 앎을 표시 내려 안달을 떨었으니 무서운 충고로 받아들여야만 했다.

고려병원은 경영상태가 나빠지면서 결국 매각하게 되었다. 빚을 얻어 어렵게 시작한 병원이라 쉬는 날 없이 일했지만 성장의 한계에 부딪혔다. 더 현대화된 장비를 갖춘 병원들이 생기고 출산율이 지속적으로 낮아진 원인도 배제할 수 없었다. 그리고 오랜 시간 누적된 피로가 아버지를 서서히 약화시키고 있었다. 그토록 부지런하던 아버지가 자주 낮잠에 빠졌다. 말씀이 적어지셨고 좋아하던 술도 입에 대지 않았다. 눈동자의 피로감이 표시가 날 정도로 느낌이 좋지 않았다. 아무리 그래도 아직 쇠약해질 나이는 아니라고 생각했는데 어느 날 아버지가 쓰러지셨다. 여기저기서 뇌졸중이 진행되고 있었던 것이다. 가족들 모두 노력했지만 아버지는 결국 회복하지 못하고 2005년에 돌아가셨다.

아버지는 국내 산부인과 의사 중 최고참이나 다름없었다. 원주병원 학장도 아버지의 한참 후배였다. 그런 아버지에게 등록금 한 푼 안 내고 의술을 배웠으니 나로서는 감사하고 행복한 일이다. 그래서 다들 내가 산부인과를 선택할 거라고 생각했다. 하지만 기회가 흔치 않은 산부인과 티오가 원주병원에 났는데도 나는 가지 않

았다. 아버지의 노력인 것은 알았지만, 나는 오래전부터 산부인과
보다 내과에 뜻이 있었다. 그것이 내 운명이었는지도 모른다.

코끼리를 냉장고에 넣어라

의과대학 6년을 마치고 인턴 1년차가 되면 햇병아리 의사로 가장 힘든 시기다.

그야말로 '냉장고에 코끼리를 넣는다'라고 할 정도로 시키는 일은 무엇이든 다 해내야 한다. 온갖 서류를 정리해야 하고 엑스레이를 찾으러 다니는 등 모든 잡일을 도맡아 해야 한다. 머리를 써야 하는 일이 아니라 뛰어다니며 손으로 해야 하는 허드렛일이라 매일 숨이 턱까지 차 있었다. 층층시야 눈치를 보며 이일 저일 시키는 대로 다 하다 보면 끼니를 거르는 것은 다반사고 씻는 것조차 불가능했다. 근로기준법을 생각한다면 하루도 배겨나지 못할 일이 인턴이다. 가끔은 내가 이런 짓 하려고 그 어려운 공부를 죽도록 했나 회의가 들었다. 아무리 그래도 인턴과정을 버티지 못하고 포기하는 사람들은 없었다. 오히려 가장 어려운 인턴 과정은 잘 참다가 레지던트 과정에서 도망간다고 했다. 다행히 나는 내 길인 양 잘 버텼다.

신경외과에서 1주일 동안 밤을 지새우며 일한 적도 있었다. 하루 24시간이 부족할 정도로 뛰어다니느라 밥 한 끼 제대로 먹을 시간이 없었다. 침대에 누워 잔다는 것은 상상도 못할 일이었다. 피로가 쌓이다 보니 어느 때는 문을 열고 닫는 것조차 감각이 둔해졌다. 분명 문을 열고 걸어 나가야 한다고 생각했는데 몸이 따라주질 않는 것이었다. 걸어 다니며 졸다 보니 벽에 부딪치거나 문에 부딪치는 일은 다반사였다. 배가 고파 당직실에서 짜장면이라도 시켜 먹고 있으면 꼭 과장 눈에 띄어 혼쭐이 났다.

한번은 울면서 과장에게 말했다.

"못 자는 것은 참을 수 있는데 배고픈 거는 참을 수 없습니다."

내 원초적인 울부짖음이 귀엽게 보였는지 그때부터는 과장이 못 본 척 넘어가 주었다. 일주일 밤을 샌 뒤 눈물의 짜장면을 먹고 양말을 벗으니 발 전체에 까만 곰팡이가 피어 있었다. 공기가 통하지 않는 상태에서 늘 땀에 젖어 있었으니 곰팡이가 피어 있을 만도 했다. 창문을 열고 뿌옇게 밝아 오는 새벽하늘을 보니 어머니 얼굴이 떠오르며 눈물이 핑 돌았다. 이런 내 모습에 가장 가슴 아파할 사람은 역시 어머니였다. 자식의 모든 어려움과 투정을 받아주고 품어

줄 수 있는 유일한 사람이 어머니인 것이다. 그 새벽 여명을 보며 어머니를 생각한 걸 보면 그때가 얼마나 힘들었는지 새삼 짐작이 간다.

그러나 그 힘든 인턴생활도 차츰 숙련되어 후반부에 가면 거의 모든 인턴들이 점쟁이가 되어 있다. 눈치가 얼마나 빨라졌는지 치프 눈치만 봐도 무엇을 요구하는지 알게 되고 멀리 떨어져 있어도 텔레파시가 통해 부르지 않아도 알아서 적재적시에 나타난다. 진짜 코끼리를 냉장고에 넣을 줄 알게 되는 것이다. 처음에는 그토록 어벙하던 인턴들이 시간이 지나면서 거의 신이 내린 듯 일을 했다. 어쩌다 CT(전산화단층촬영)라도 한 장 없어지면 그야말로 비상이 걸렸다. 수술을 해야 하는데 CT를 찾아 대령하지 못하면 바로 죽음이나 마찬가지였다. CT는 백만 원이나 드는 비싼 검사의 결과물이고 5일이 지나면 데이터까지 삭제되어 무슨 일이 있어도 무조건 찾아내야 하는 게 인턴의 할 일이었다.

CT를 찾기 위한 별별 방법이 동원되었는데 그중 청소부 아줌마를 꼬드겨 찾는 놈, 자료실 환풍기를 뜯고 들어가 찾는 놈, 열쇠구멍 따는 놈 등 '놈! 놈! 놈!' 시리즈가 따로 없었다. 인턴에게는 그만큼 절박한 상황이라 다른 변명이 통하지 않았다. 그뿐만 아니라 위급한 환자 상태를 지켜보며 치프에게 보고하는 것도 인턴 일이었다.

인공호흡이 필요한 환자를 위해 엠부백(수동식 인공호흡기)을 무려 27시간 동안 잠을 안자며 잡고 있었던 적도 있었다. 예전에는 병원에서도 기계가 모자라 인턴들이 엠부백을 잡고 수동으로 환자들에게 인공호흡을 해주는 일이 많았다. 팔이 아프고 졸려 죽을 것 같았지만 엠부백을 놓으면 환자가 호흡정지로 죽을 수 있어 어떻게든 잡고 있어야 했다. 다른 인턴들 역시 너무 바쁘다 보니 나를 까맣게 잊고 있었던 모양이었다. 당시 발가락이 부러졌었던 나는 그 긴 시간 동안 엠부백을 잡은 채 물을 마시고 밥을 먹었다. 환자를 살리는 것이 의사이지만 환자 때문에 의사도 죽을 수 있다는 걸 처음 경험했다.

나는 악마이고 독사였다

레지던트시절 나는 동료와 선배들로부터 좋은평가를 받았다. 열심히 했고 그만큼 성과가 좋다보니 나를 인정하는 분위기였다. 당연히 나는 기가 승천할 수밖에 없었다.

어느 날 내과에 레지던트 1년차 여의사가 지원했다고 했다. 내과는 다른 과보다 훨씬 힘들고 나에 대해 독사라는 소문도 들었을 텐데 겁도 없이 어떻게 내과를 지원한 것인지 솔직히 궁금했다. 후배한테 새로 왔다는 내과 지원자에게 9시까지 환자 파악 끝내고 바로 연락하라고 전했다. 그런데 9시가 다 되도록 연락이 없었다. 겁이 나서라도 당연히 일찍 와 있을 줄 알았는데 그녀는 제 시간에 딱 맞춰 나타났다. 그녀의 첫 태도가 맘에 들지 않아 정면에서 화를 내고는 바로 퇴근해 버렸다. 나에 대한 소문을 익히 듣고 왔다면 그녀가 그처럼 느긋하지 못했을 것이었다.

이튿날 눈치를 보아하니 어제 일로 약효가 있었던 듯 환자 파악이 반은 돼 있었다. 벼르고 있던 차 최선을 다한 그녀를 보니 귀엽기도 하고 안심이 되기도 했다. 인턴과정을 마치고 레지던트 1년차로 들어온 의사들은 그야말로 긴장의 연속일 수밖에 없었다. 의사이긴 하지만 아직은 경험이 부족해서 선배들한테 치이기 일쑤였다. 또 개인마다 일하는 능력차이가 커서 잘하는 사람은 문제가 없는데 그렇지 못한 경우에는 매일 어디서 무슨 사고가 터질지 긴장해야 했다.

가장 많은 문제가 발생하는 곳은 아침 회진시간이었다. 1년차 레지던트와 그 다음 순차 그리고 치프들이 같이 회진을 도는데, 1년차 레지던트가 우리 환자들을 구분하지 못해 회진을 자꾸 빼먹는 경우였다. 기다리던 환자가 "선생님 여기!" 할 때도 있었으니 그 웃지 못할 해프닝을 반복하지 않으려면 대책이 필요했다.

고민 끝에 내린 방법은 우리 환자들 영양액을 다른 환자들과 구분해 놓자는 것이었다. 붉은색을 띠는 영양액을 써서 1년차 레지던트가 헷갈리지 않고 우리 환자를 찾아내게 해주자는 생각이었다. 레지던트가 붉은 병 앞에 가 있으면 우리가 자연스럽게 우리 환자임을 알아보고 체크하면 될 터이니 좋은 방법이었다. 하지만 그녀는 그 쉬운 방법을 마련해 주었음에도 환자를 놓쳐서 우릴 당황스럽게 만들었다. 나중에는 내가 선수 쳐 붉은 병 앞에 서 있고 그녀는 침대 앞에 서 있는 진풍경이 연출되었다. 나 또한 그러한 과정을 거쳐 온 터라 그녀를 이해 못하는 바는 아니었다. 이해하기 때문에 그녀의 실수를 줄여주려 더 긴장했고 그녀의 실수를 막아주려고 온갖 머리를 굴렸다.

하지만 그녀는 언제나 내 긴장의 한계를 벗어나는 행동을 했다. 어느 때는 숙소 침대에서 아침 회진시간까지 잠을 자다 하늘같은 선배 전화를 받아 나를 기겁하게 했고, 또 어느 때는 회진 중에 엉뚱한 환자의 엑스레이 사진을 걸어 내 심장을 뛰게 했다.

생각해 보면 그녀와 깊은 인연이 되려고 그랬던 모양이다. 키다리 아저씨 노릇을 하다 보니 그녀의 마음을 얻게 되었고 우리는 자연스럽게 가까워졌다. 그러나 질서가 엄격한 병원에서 연애를 한다는 것은 쉽지 않은 일이었다. 윗사람들 눈치 보는 것도 그렇지만 둘이 오붓하게 만날 곳이 별로 없었다. 우리는 주로 영안실 옆 엑스레이 실에서 만났다. 사람들이 없는 곳을 물색하다 보니 영안실을 선택한 것인데 보통사람으로서는 상상하기 어려운 일일 것이다.

우리에게는 더없이 아늑하고 호젓한 공간이었다. 피곤한 몸으로 시간에 쫓기면서도 그녀를 만나면 새로운 에너지가 충전되는 기분이었다. 조마조마한 마음으로 그 짧은 시간 그녀와 커피 한잔 마시고 헤어질 때면 아쉬움이 목까지 찼지만 그래서 더 설레고 힘든 하루를 버틸 수 있었다. 그녀에게 어려움이 생길 때마다 긴급 출동해 해결해 주던 그 옛날의 나는 적어도 한 여자에게는 꽤 괜찮은 남자였다.

누군가를 사랑하려면 자기희생이 필요하다고 했다. 희생인 줄 모르고 하는 것이 사랑이니 그 시절 나는 불타는 김현수라는 별명을 얻을 만큼 일과 사랑에 빠져 있었던 것은 분명하다. 가장 뜨겁고 열정적인 시간을 보내느라 언제나 거침없이 행동했고 타협하려 하지 않았다. 주체적이지 못한 상황을 견딜 수 없어 했고 열등한 것들을 그냥 지나치지 못했다.

그러나 과유불급過猶不及이라고, 직설적 화법으로 지나치게 오버하다 보니 위화감을 조성하거나 분위기 파악을 못 해 교수들로부터 좋은 인상을 남기지 못했다. 밤낮없이 연구하고 논문을 써도 부족한데 항상 불이 꺼져 있는 내과를 보니 답답했다. 내 개인적인 목적을 위해서 한마디 한 것이 아니라 모두의 발전을 위해 한 말이었다. 하지만 나는 좋은 이미지를 남기지 못했고 결국 학교에 남을 수 없었다.

어느 조직이든 위계질서가 있고 겸손과 배려를 모르면 긍정적인 평가를 받지 못한다. 서툰 내 열정이 불타는 김현수를 만든 것이다.

동료와 교수들의 과한 칭찬을 등에 업은 나는 코끼리처럼 춤을 춘 것이 아니라 언제나 불타는 김현수로 돌변했다. 내가 하면 무슨 일이든 다 된다고 생각했다. 교수와 병원장을 상대로 연구실의 수준을 높여야 한다며 겁 없이 목소리를 높이기도 했다. 관계가 가지고 있는 사회적이고 정치적인 입장을 고려하지 못하고 나도 모르게 자만심에 빠져 있었던 것이다.

기본이 튼튼한 실력을 가져라

심영학 선생님은 내가 레지던트 3년차 시절 꼬박 모신 혈액학 전공 교수였다.

내가 전공의 시절 원주세브란스 병원장으로 계셨는데, 내게는 가장 혹독한 스승으로 기억에 남아 있다. 전공교수를 가장 근거리에서 모시려니 치프였던 내가 1년차 일을 도맡아 할 수밖에 없는 상황이었지만 덕분에 선생님으로부터 의사로서의 기본과 실력을 제대로 배울 수 있었다. 선생님은 균형감 있는 판단을 내리는 훌륭한 의사였다. 내과 의사로서도 실력이 출중했지만 혈액학 분야에서도 선생님의 존재감은 대단히 컸다. 항상 첨단의 의학적 지식과 판단도 중요하지만 무엇보다 기본적인 논리를 튼튼히 다져야 한다고 강조했다.

선생님의 그 평범한 한마디는 내게 독이자 약이 되었다. 선생님에 대한 소문은 익히 들어 알고 있었고 그래서 나는 내과 전공을 원했다. 당시 내과는 가장 인기 있는 진료과로 성적이 좋은 인턴들만 갈 수 있었다. 내과 전공 시험을 통과해야만 심영학 선생님의 제자가 될 수 있는 상황이었다.

내 고민을 알고 계셨던 아버지가 하루는 원주까지 내려오셨다. 아들이 산부인과는 싫고 내과를 공부하겠다고 하니 뭔가 도움을 주고 싶으셨던 것이다. 심영학 선생님과 같은 서울고등학교와 연세세브란스를 나왔으니 어쩌면 말이 통할 것이라고 생각해 내 이야기를 꺼냈는데, 아버지는 보기 좋게 거절당하셨다. 선생님이 내게 와서 말했다.

"너희 아버지 밖에 계시니 가서 위로해 드려라."

나는 무슨 일인가 싶어서 달려 나갔다. 아버지는 술을 드신 상태로 차 안에서 눈물을 훔치고 계셨다. 나는 아버지의 눈물이 부끄럽지 않았다. 아버지가 흘린 눈물은 아들을 위한 눈물이었다. 당신이 자식을 위해 아무 도움을 못 준 것에 대한 미안함만 생각하셨다. 나는 초라해진 아버지를 진정으로 위로했다.

"아버지 걱정 하지 마, 내 실력대로 갈게."

그렇게 아버지를 서울로 보내고 나는 선생님에 대한 서운함을 묻어버린 채 열심히 공부했다. 그리고 좋은 성적으로 내과로 가 선생님을 모시게 되었다. 선생님께 교육받은 3년 중 1년은 매일 함께하며 환자를 보고 연구와 논문을 썼다. 가만히 생각하면 선생님이 아버지 일로 나를 더 혹독하게 훈련시켰다는 생각이 든다.

선생님은 워낙 깐깐하고 정확한 분이라 작은 실수조차 용납하지 않았다. 한번은 슬라이드에 떨어트린 혈액 도말 표본이 맘에 들지 않는다며 계속 다시 하라고 지시하셨다. 호흡기 내과는 가슴 엑스레이를 보고 진단을 하지만 혈액내과는 혈액을 슬라이드에 한 방울 떨어트린 다음 얇게 펼쳐 염색을 한다. 그것을 아침마다 선생님하고 둘이 1시간 동안 현미경으로 들여다 보았는데, 적혈구, 백혈구 모양 하나하나를 살펴보며 백혈병인지 빈혈인지 진단하는 일이었다. 아침에 선생님과 그 일을 하려면 그 전날 환자의 혈액이나 골수를 뽑아 슬라이드에 떨어트린 다음 하나하나 밀어놔야 한다는 얘기였다. 그걸 제대로 밀어놓지 않으면 이튿날 선생님이 보고 정확한 진단을 할 수 없어 그야말로 숨이 차도록 열심히 밀었다.

골수 혈액을 떨어트린 슬라이드를 60장 정도 민 다음 그 중에서 가장 선명하게 나온 것 10장을 골라 화학염색을 마치면 항상 밤 열시가 넘었다. 다음날 그렇게 힘들게 마친 슬라이드를 선생님께 보여주면 염색이 안 좋다는 둥, 흐리게 나왔다는 둥 타박만 하니 나로서 굉장한 스트레스였다. 도서관에 가서 슬라이드 미는 방법도 공부하고 혹시 슬라이드 유리판의 질이 문제가 있는 것은 아닐까 싶어 독일제 유리판을 사다 밀어도 보았는데, 선생님은 늘 불만을 표시하셨다.

어느 날인가 선생님은 또 슬라이드를 보며 좋지 않은 표정을 지었다. 도저히 참을 수가 없었던 나는 기어이 한마디 하고 말았다.

"제가 어젯밤에 오른쪽 발가락으로 밀어서 그래요!"

선생님이 당황한 표정으로 날 쳐다보았다.

"타박만 하지 마시고 저보다 잘 한다는 사람 누구인지 말씀해주세요. 찾아가서 제대로 배워 올게요."

내 행동이 불량스럽긴 했지만 선생님도 조금은 너무했나 싶었던 것인지 더 이상 타박하지 않으셨다. 그 모든 일이 나를 훈련시키기 위한 과정이었음을 나중에 깨달았지만 당시는 선생님을 이해하기 힘들었다. 성질머리가 만만치 않은 나를 길들이려면 선생님 나름의 훈련과 규칙이 필요했을 것이다.

혈액학을 전공한 첫 번째 제자

심영학 선생님의 애정을 알게 된 것은 미국 학회에 나를 보내준 일 때문이었다.

군 미필자는 해외여행이 어렵던 시절이었지만 나는 어떻게든 학회에 참석해서 내 논문을 발표하고 싶었고, 선생님이 만들어준 기회를 놓치고 싶지 않았다.

다행히 방법이 없지는 않았다. 먼저 미국 학회에 원고를 보냈더니 학회장의 공식 초청장이 온 것이었다. 그 초청장을 가지고 대사관 앞에 가서 영문 번역 공증을 받은 다음 국방부를 찾아가 초청장을 보여주며 학회에 꼭 참석하고 싶다고 말했다. 그러나 단번에 돌아온 대답은 '웃기는 소리 하지도 말라' 였다. 갈 방법이 없으니 포기하라는 뜻이었다.

마지막 방법으로 아버지 재산세 증명서와 신원증명서 같은 여러 서류를 잔뜩 만들어 국방부로 보냈다. 그리고 얼마 후 보름짜리 여행 허가서가 나왔는데, 허가서에 국방부 장관의 직인이 찍힌 것이 아니라 주영복이라는 개인 이름이 찍혀있었다. 규정이 없어 장관 개인 직인으로 여행허가를 했다는 것이다.

다시 여행 허가서를 들고 외교부를 찾아갔더니 6개월 내에 한 번만 여행이 가능한 단수여권이 나왔다. 가장 힘든 국방부의 허락을 받아 다시 모든 서류를 들고 미국 대사관을 방문해 여행허가를 받기까지는 쉽지 않은 일이었다. 비로소 인터뷰 없이 5년짜리 복수비자와 보름짜리 여행 허가서가 나왔다. 군의관 신분으로 미국 가기가 하늘에 별 따기보다 어려웠던 시절이라 내 미국행은 불굴의 의지 덕분이라고 해도 과언이 아니다.

당시 휴스턴에서 열린 국제 암학회에 나는 발제자로 참석했는데, 선생님이 왜 나를 그곳에 보냈는지 알게 되었다. 한마디로 우물 안 개구리 같은 내 눈을 뜨게 하려는 것이었다. 학회의 규모와 참석자들의 분위기를 보니 나 같은 레지던트하고는 비교가 안 될 만큼 수준이 높았다. 내가 해야 할 공부가 아직도 멀었다는 걸 깨달았으니 더 열심히 하는 수밖에 없었다. 그런 내 모습이 기특했던 것인지 선생님이 하루는 나더러 미국으로 유학을 가는 것이 어떠냐고 물었다. 더 큰 공부에 대한 미련은 있었지만 원주를 떠나야겠다는 생각은 해본 적이 없어 선생님의 유학 권유는 받아들이지 않았다. 안타까운 것은 모교인 세브란스에 남기를 바랐지만 뜻대로 되지 않아 아주대학교로 간 것이었다. 의지대로 되지 않을 때 그래서 순리라는 말을 쓰는 모양이다. 지나고 보니 그 모든 것이 순리이고 능력이었다는 생각이 든다.

선생님은 2002년 골수암이 발병해 돌아가셨다. 골수암은 선생님이 가장 많이 치료한 질병이었는데, 정작 당신의 병은 이기지 못하고 떠나셨다. 선생님이 돌아가시기 전에 제자들이 모여 뜻깊은 은퇴식을 가졌다. 내가 혈액학을 전공한 첫 번째 제자이고 가장 가까이서 선생님을 모셨던 터라 감회가 남달랐다. 선생님도 여러 감정이 솟구치는 듯 한참동안 내 손을 잡고서 눈시울을 붉혔다. 대쪽 같던 선생님이 허물어진 모습을 보니 마음이 무거워 똑바로 쳐다볼 수가 없었다. 지독한 애주가이고 히말라야까지 정복할 정도로 산을 좋아했던 열정적인 선생님도 병을 이기지는 못했다. 이제는 기본과 원칙을 지키라던 선생님의 시퍼런 충고만 내 가슴속에 살아남아 있을 뿐이다.

남자들의 전투적인 유전자 '군대 이야기'

남자라면 빼놓을 수 없는 것이 군대 이야기다.

특전사 출신이라면 몰라도 군의관으로 군대 생활을 했다고 하면 대부분 편하게 복무한 줄 안다. 일반 군인들보다는 훈련시간이 적지만 그렇다고 마냥 편하지는 않다. 군의관들은 경북 영천에 있는 육군삼사관학교에 들어가 3개월 동안 훈련을 받는다. 그곳에서 장교 교육을 받은 뒤 부대 배치를 받아 36개월이라는 긴 군생활을 해야 하니 일반 사병보다 큰 혜택을 받는다고 할 수는 없다.

훈련소에서는 일반 사병과 똑같은 훈련을 받고 부대로 배치된다. 내 경우는 병원 생활만 하다 훈련을 받자니 죽을 맛이었다. 안 쓰던 근육을 쓰다 보니 저녁이면 온 몸이 쑤셔서 견딜 수가 없었다. 더구나 나이 들어 입대해 이십 대 중반의 젊은 군의관하고 훈련을 받다 보니 사사건건 비교되어 몸의 한계를 느꼈지만 다행히 별 탈 없이 훈련소 생활을 마쳤다.

군의관은 부대마다 수가 정해져 있고 직급 별 티오가 나기 때문에 한 부대에서만 복무하다 제대하기는 어려웠다. 그러다 보니 나는 강릉에서 1년, 원주에서 1년 그리고 수방사에서 1년을 근무했다. 처음 배치 받은 강릉은 군수부대로 물자를 관리하는 보급 부대였다. 군의관 신분이니 훈련소와는 다른 분위기였지만 군대는 짬밥으로 통한다는 말이 있듯이 아무리 장교신분이라도 특유의 조직문화에 적응하는 것이 쉽지 만은 않았다. 지역과 문화와 성품이 다른 다양한 사람들이 모이는 곳이 군대다. 지금은 군대문화가 많이 달라졌지만 당시만 해도 구태의연한 군 조직에 고착화된 장교들과 사병들 사이의 괴리감은 대단히 컸다. 뻬딱한 내 눈에만 그렇게 보였을 수도 있지만 특히 나이 든 장교들의 유연하지 못한 행동들은 군대라는 시스템을 이해하기 어렵게 만들었다.

군의관이라는 나름 촌스런 우월감 때문인지도 모르지만 아무튼 마음먹고 들어온 일반 장교들과는 달리 상사들의 강압적인 태도와 과한 업무에 그다지 적극적인 태도를 보이지 않았다. 환자가 매일 발생하는 것도 아니고 강도 높은 훈련에 참여하는 것도 아니라서 어느 때는 종합병원 당직을 나갈 때도 있었다. 의사는 역시 환자들을 봐야 살아있음을 느낄 수 있기 때문이다. 나를 긴장시키는 것은 환자들인데 매일 아침 의식처럼 반복되는 연대회의에 참석하자니 솔직히 따분했다. 일초를 아껴가며 환자를 진료하던 버릇이 있어 효율적이지 못한 회의를 지켜보고 있자니 속 터질 때가 많았다.

한번은 우리 부대에 화학소방차가 들어왔다. 몹시 추웠던 겨울이었다. 그날 아침 회의에서 누군가 그 소방차가 추위에 얼게 되면 큰일이라고 했다. 그러자 또 누군가가 부동액을 부어 얼지 않게 하자는 의견을 냈다. 또 다른 의견은 새로운 막사를 지어서 불을 때면 화학소방차의 결빙을 막을 수 있지 않겠느냐는 의견을 냈다. 그런데 결정적으로 공병 장교가 한마디 하는 것이었다.

"화학약품은 빙점이 낮아서 원래 얼지 않는 거 아닌가요?"

이런 말도 안 되는 문제를 놓고 몇 시간씩 회의하는 것이 군대라는 조직인가 싶어서 처음에는 많은 회의가 들었다. 공부 생각이 난 것도 그때부터였다. 분명 군의관으로의 역할을 하고 있었는데도 왠지 놀고먹는 기분이었다. 그동안 너무 바쁘게 살아 한가한 시간을 견딜 수 없었던 것인지도 몰랐다. 어느 때는 의학용어가 생각나지 않아 당황스러웠고 3년이라는 시간 동안 내가 한 일이 무엇인지 자꾸 반문하게 되었다.

환자를 보고 공부를 하느라 하루가 모자랄 정도로 뛰어다녔던 시간들이 그리웠다. 연구하고 시험하고 한계를 극복하는 일들을 하고 싶었던 것이다. 군대에서 그토록 공부에 대한 열망이 간절했다고 하면 그만큼 몸이 편해서 그랬을 거라고 한 소리들 하겠지만 사람마다 개인차는 있는 법이니 욕할 일은 아니다. 조직을 통해서 자신의 능력을 발견하는 사람도 있지만 나는 자연발생적인 인간이라 누가 시키는 일보다 자발적인 일을 더 잘한다. 물론 군대는 의무사항이라 좋고 싫고의 문제는 아니지만 내게 3년이란 시간의 무게감은 대단히 컸다.

새로운 형태의
골수이식을 성공시켜라

Chapter.4

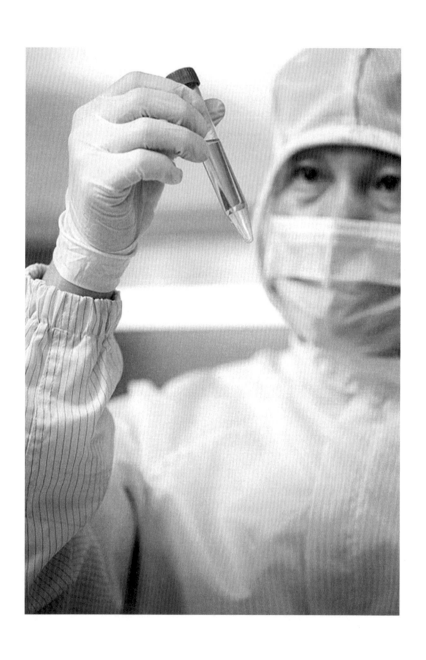

아주대학병원에서 연구를 시작하다

아버지로부터 아주대
학병원에서 혈액종양
학 전공자를 채용한다
는 소식을 들었다.

1994년도였다. 아버지는 내가 산부인과 전문
병원인 고려병원으로 오길 바랐지만 내과의로
마음을 굳혀 먹었던 터라 아주대학병원으로 갈
수밖에 없었다. 당시 수원에 새로 생긴 아주대학 병원은 대우그룹
의 투자를 받아 병원 환경이 매우 훌륭했다.

혈액종양내과는 큰 종합병원에만 있고 교수들도 많지 않아서 선
택의 폭이 그리 넓지 않았는데 운이 좋았다. 그때 나는 수방사 예하
사단 의무대에서 복무하고 있던 중이라 군복을 입은 채로 논문을
챙겨 아주대병원으로 달려갔다.

김효철 주임교수님과는 그렇게 처음 만났다. 나를 옆자리에 앉혀 놓은 채로 오랜 시간 논문을 훑어보신 교수님은 흡족한 표정으로 나를 연구강사로 채용하겠다는 뜻을 밝혔다. 군생활에 답답함을 느끼고 있던 차에 교수님의 연구강사 채용 허락은 오랜만에 가슴 설레게 했다.

복무기간이 5개월 정도 남은 상태였지만 부사단장의 배려로 틈틈이 병원에 나갈 수 있었다. 낮에는 수방사에서 군인으로 밤에는 병원 연구실에서 연구원으로 또 다시 바쁜 생활이 시작되었다. 김효철 교수님은 내게 몇 가지 연구 주제를 주셨다. 임상적으로는 골수이식이었고 실험실 연구는 유전자 진단과 암세포 배양이었다. 병원 실험실과 골수이식 병실은 대우그룹의 투자로 잘 만들어져 전공의 시절 하고 싶었던 연구를 맘껏 할 수 있는 기회가 주어졌다. 공부는 군대 생활의 공백기가 있어 기본부터 다시 시작해야 했다. 그동안 못한 공부에 대한 갈증을 퇴근 후 새벽까지 병원 연구실에서 풀었다. 고단한 생활이었지만 가슴이 끓고 손이 뜨거웠다. 내 인생의 황금기를 만난 거 같았다. 의과대학과 전공의 시기가 봄이고 시작이라면 연구강사 시절이 나 자신의 능력을 키우기 시작하는 여름이었다. 한 가지 한 가지 배우고 이해하고 내 손으로 실험하여 결과가 나오고 그것들을 환자에게 적용하여 좋은 반응이 나올 때 표현할 수 없는 기쁨을 느꼈다.

월급 한 푼 받지 않고 하는 일이었지만 내 이름으로 하는 실험이고 연구라 문제가 되지 않았다. 가끔씩 환자까지 봐주는 열정을 보이자 김 교수님은 내게 월급을 줘야 하는 것 아니냐고 농담을 했다. 군대에서 월급을 받고 있어 이중으로 받을 수도 없고, 밥이나 사달라고 했다. 신분은 군인이고 연구원이지만 당시 나는 결혼해서 애까지 있는 가장이었다. 풍족하진 않지만 군의관 월급을 받아 생활하는 데는 별 지장이 없었다.

연구실 생활은 하루하루가 새로웠다. 군대에서 쓰지 않던 머리를 쓰게 되어 처음에는 힘들었지만 어느 순간부터 불 꺼진 창에 불을 밝히듯 나는 예전의 불타는 김현수로 돌아왔다.

아주대학은 신설 의과대학이라 졸업생도 레지던트 1년차 밖에 없었다. 그러다 보니 내 경쟁상대는 가장 많은 신촌세브란스 출신과 서울대 출신들이었다. 고마운 것은 김 교수님이 처음부터 내게 중요한 기회를 주고 최고 수준을 갖춘 연구실을 쓸 수 있도록 힘을 실어주어 적어도 실험실 안에서는 나의 경쟁 상대가 없었다. 연구실 적은 빠르게 향상되었다. 새로운 지식에 대한 욕구가 크다보니 응용력도 빨라졌고 환자를 진단하고 치료에 적용하는 수준도 높아졌다.

당시에는 아주대학병원이 종합병원으로의 위상이 컸고 김 교수님의 유명세까지 더해져 환자들은 물론 외부적 평가도 아주 좋았다. 그 덕분에 한 방송사 메디컬 드라마를 아주대학병원에서 촬영하는 진풍경도 볼 수 있었다. 어느 때는 처음 보는 의사인데 너무 잘 생겨서 새로 온 의사인가 물어보면 배우라고 했다. 방송 촬영인 줄 모르고 돌아다니다 보면 깜박 속아 넘어갈 정도로 연출이 완벽해서 누가 진짜 의사이고 배우인지 구분하기 어려울 정도였다. 의상이며 의료기기까지 완벽하게 갖춰 놓고 연기하는 걸 보면서 어느 일이나 치열하지 않으면 살아남기 어렵다는 걸 알았다. 청진기로 환자를 진찰하는 배우의 연기는 그 어떤 유명 의사보다 리얼했다. 같은 동작과 대사를 수없이 반복하며 밤을 지새우는 그들도 우리처럼 의사라는 타이틀로 먹고 사는 것이 아니라 누군가를 감동시키는 연기를 해야 먹고살 수 있었다. 의사 가운만 걸친다고 의사가 되는 것이 아니듯 그들도 배우라는 이름으로 살아가느라 밤잠을 못 자기는 매한가지였다.

골수이식의 첫 장부터 밟아나가다

여러 임상과목과 기초 의학과목이 있지만 줄기세포stem cell라는 학문적 내용은 유일하게 혈액학에서 사용하고 혈액내과에서 다루었다.

당시 혈액내과에서 내가 맡은 임상적 목표는 골수이식이었다. 이전까지 골수이식을 직접 하게 될 거라 생각해본 적 없던 나는 두려움도 잊은 채 연구를 위한 준비를 처음부터 밟아나가야 했다.

골수이식에 관련한 책을 첫 장부터 차근차근 읽어 나갔다. 책은 가지고 다니기 곤란할 정도로 크고 방대했다. 책을 읽는 동안에도 과연 내가 이 책을 다 읽을 수 있을지, 제대로 이해하고 있는 건지

의문의 연속이었다. 연구실 책상에는 한동안 골수이식에 관한 책들이 늘 펼쳐져 있었다. 기본적 지식과 이론은 책을 통해 얻었고, 자세한 실무적 내용은 논문을 찾아보며 공부를 했다. 그래도 나의 부족함을 채우기에는 늘 시간이 모자랐다. 평일엔 새벽 한 시경 퇴근했고 토요일은 밤 열한시, 일요일은 아홉시까지 일하고 공부했다. 늘 연구실에만 처박혀 나의 모든 것을 쏟아가며 줄기세포에 관한 지식을 넓혀나갔다.

줄기세포의 특성을 말할 때는 세 가지로 설명한다. 자기재생self-renewal, 증식proliferation과 분화differentiation이다. 이 내용은 20세기 이전부터 혈액을 연구하는 학자들에 의하여 언급되었다. 당시에는 단지 논리적 상상일지라도, 혈액은 골수에서 만들어지며 평생 지속적으로 혈액을 만들 수 있는 현상을 설명할 수 있는 것은 골수 내에 앞에서 언급한 세 가지 특성이 있는 세포가 존재한다는 것이다.

혈액은 좋은 연구의 수단이었다. 혈액 채취와 연구는 19세기 의학 기술로도 많은 시도를 할 수 있었다. 현미경은 이미 개발되어 있었고 혈액의 채취는 간단하였다. 다른 장기에 대한 진단과 치료는 혈액학보다 많이 늦었다.

미국 의학회 중 가장 오래된 학회가 미국 혈액학회American Society of Hematology(ASH)이다. 이 한 가지 사실 만으로도 혈액학이 가장 빨리 발전한 학문이라고 생각한다. 현재도 여러 가지 줄기세포 중 인간을 대상으로 가장 많이 진단과 치료의 방법으로 사용되는 것이 혈액줄기세포이다.

　가장 많이 연구되고 치료에 사용되는 두 가지 줄기세포가 골수에 있다. 하나는 혈액을 만드는 조혈줄기세포이고 다른 하나는 중간엽 줄기세포mesenchymal stem cell이다. 중간엽줄기세포는 여러 가지 이름 으로 불리는데 대표적으로 골수기질줄기세포marrow stromal cell, marrow stromal stem cell이다. 나의 의견으로는 골수기질세포가 가장 적당한 표현으로 생각된다. 약자로는 모두 MSC로 쓰여진다. 지금도 혈액 학 분야에서는 기질세포로 불린다.

쥬라기 공원, 공룡 부활의 비밀

「쥬라기 공원」이라는
영화는 1990년에 출간
된 소설이 원작이다.
영화에서 유전공학의 산물로 태어난 공룡들
이 창조주인 인간들에게 혼돈과 공포를 느끼게
한다. 철학적인 의미도 잘 사용한 최고의 흥행
작이었다. 한 고생물학자가 쥬라기 시대 공룡의 피를 빨아먹은 모
기를 우연히 호박에서 발견하게 되면서 이야기는 시작된다. 공룡의
유전자를 완벽하게 해독한 그는 복제기술로 지상 최대의 동물원을
만들지만 결국 그들로부터 역공을 당하게 되는 아이러니를 내포하
고 있다. 20년이 지난 영화지만 당시로서는 놀라운 과학적 설정이
고 상상력이었다.

그러나 현재 포유류의 혈액에 유전자를 갖고 있는 세포는 백혈구 뿐이다. 그렇다면 '어떻게 소량의 백혈구 유전자로 복제가 가능했던 것일까?' 라는 의문이 남는다. 해답은 쥬라기 시대 공룡은 혈액 내 적혈구는 핵을 갖고 있었다는 것이다. 공룡은 비장이 없고 그래서 말초 혈액 내 핵을 갖고 있는 적혈구가 존재한다는 것이다. 꽤 논리적인 전개이다.

줄기세포의 역사로 들어가 보자면 최근 20여 년을 제외하고는 대부분의 줄기세포 연구의 역사는 골수의 줄기세포로 이루어졌다.

골수 내에는 두 가지 줄기세포가 존재하며 혈액을 구성하는 세포로 증식 분화하거나 이 과정을 지원하는 줄기세포이다. 즉 조혈줄기세포는 그 자체가 혈액의 다양한 세포로 증식 분화하며 자기재생 self-renewal 기능이 있어 수십 년간 혈액을 만들면서 노화가 잘 일어나지 않는 것이다.

성인은 하루에 100억 개 정도의 혈액세포를 만들어 낸다. 적어도 60대까지는 이러한 기능이 완벽히 유지된다. 정확히 확인할 수는 없지만 성인 골수 내에는 백만 개 정도의 조혈줄기세포가 존재한다. 이 줄기세포는 하루에 만 배 이상의 혈액세포를 생산할 수 있는 능력이 있다. 인체 내에서 가장 활발히 활동하는 장기이기도 하다.

그러나 골수는 사람이 전혀 느낄 수가 없다. 심장처럼 뛰지도 않고 뇌나 간처럼 그 형체나 기능에 대해 쉽게 느껴지지 않는다. 우리는 느끼지 못하지만 골수는 스스로 엄청난 생산능력을 유지하면서 인체의 각 장기에 적혈구를 통해 산소와 영양분을 공급하고, 면역 기능의 주체인 백혈구가 웬만한 손상에 대하여 스스로 출혈을 억제할 수 있도록 혈소판을 생산한다.

적혈구는 핵이 제거되어 대략 120일 정도밖에 생존하지 못하므로 지속적인 공급이 필요하다. 때문에 혈액을 만드는 데 필요한 필수 영양소인 철분이나 비타민이 부족하면 빈혈이라는 병이 나타나는 것이다.

백혈구라 부르는 세포는 단일군이 아니고 여러 가지 세포들의 집합체이다. 이중 보편적으로 우리 몸의 면역을 담당하고 있는 중성구는 골수에서 만들어지고 6시간 밖에 생존하지 못하는 가장 짧은 생을 갖는 혈액세포이다. 중성구는 인간의 몸을 침입한 적을 일차적으로 공격하는 기관총 같은 기능을 갖고 있다. 단순하지만 적을 소탕하는 중요한 역할을 하나 중성구는 선택적 공격능력이 없다. 림프구도 면역을 담당하지만 고도의 전문화된 면역 기능을 갖는다. 또한 적을 탐지, 분석, 공격방법의 선택과 제작, 기억 그리고 재침입 시 폭발적인 보복능력을 보유한다. 림프구중 일부는 이론적으로 평생 생존 가능한 기억세포도 있다. 인간이 70년 이상을 생존할 수 있는 것도 이러한 고도로 발달한 면역 기능이 큰 역할을 하기 때문이다.

어떠한 이유로 백혈구의 감소는 심각한 면역 결핍으로 나타난다. 요즘 종종 면역을 약화시키거나 강화시키는 방법 또는 음식들이 하루가 다르게 강조된다. 이러한 현상들은 미세하거나 현상이 발견될 뿐이지 주요한 기능은 없다. 그러나 백혈구 감소에 의한 면역 결핍은 차원이 다른 심각한 합병증을 유발한다. 현대과학으로 아무리 깨끗한 격리 시설과 우수한 항균 물질을 투여해도 생존이 힘들다. 단, 단기적으로는 적극적인 예방과 치료로 유지할 수 있을 뿐이다.

골수 내에는 거대핵세포megakaryocyte가 존재하는데, 이 세포들의 세포질들이 분리되어 생긴 작은 조각으로 떨어져 나와 혈관에 있는 것이 혈소판이다. 혈소판은 출혈을 막는 1차적 세포이다. 혈소판 역시 건강할 때는 그 중요성을 전혀 느끼지 못한다. 혈소판이 감소하면 멍이 잘 들고 잇몸 출혈이 발생할 수 있다. 그러나 심각하게 감소하면 어떠한 외부 자극 없이도 뇌출혈 같은 심각한 합병증으로 생명을 위협할 수 있다.

인간이 살아있는 동안 우리 몸속에서는 세포의 탄생, 성장, 사멸이 계속된다. 다양한 구조와 기능을 갖고 있는 혈액세포들이 일생 동안 고갈되지 않고 안정되게 생산할 수 있도록 하는 세포가 조혈줄기세포다. 그리고 자기재생 기능을 가진 조혈줄기세포가 혈액을 잘 만들 수 있으려면 그 환경이 조성되어야 하는데 이러한 미세환경microenvironment을 조성하는 것이 골수기질줄기세포이다. 골수가 정상적으로 그 기능을 유지하도록 환경을 조성하는 세포들인 것이다. 이러한 환경이 파괴되면 골수 기능에 심각한 장애가 발생한다.

현재 전 세계적으로 상업화 연구의 대상이 되는 줄기세포가 이 기질줄기세포라고 할 수 있다. 90% 이상의 상업화 과정의 줄기세포치료제가 바로 이 세포라고 할 수 있다.

줄기세포를 연구해왔던 사람으로서, 앞에 나온 쥬라기 공원의 실현가능성을 이야기 한다면 아직은 멀고 먼 이야기다. 눈부시게 발전해온 생명공학의 역사와 수많은 사람들의 노고를 익히 잘 알고 있지만, 안타깝게도 '아직'이다. 그만큼 공룡복제 이야기는 신의 영역에 다가서는 일이기에 녹녹치 않은 것이다.

나는 쥬라기 공원의 이야기가 맞느냐 틀리느냐에 연연하고 싶지 않다. 언젠가는 뛰어난 누군가가 우리가 궁금히 여기던 일을 눈앞의 현실로 당길 수도 있는 일이니까.

다만 기억하고 싶은 것은 영화 말미에 공원을 탈출한 공룡들과 인간이 펼치는 참극을 보면서, 돈을 벌기 위해 공룡을 부활시킨 사람들의 이기심이 날카로운 이빨을 날름거리던 공룡보다 더 두렵게 느껴졌다는 것이다.

새로운 세계에 닻을 올리다

줄기세포치료제라는
새로운 과제에 도전할
수 있었던 것은

조혈줄기세포 연구에 빠져있던 무렵이었다. 혈액학에서 조혈줄기세포를 장기간 배양하는 '덱스터 배양Dexter culture system'이라는 것이 있는데 바로 이 세포가 연구의 핵심으로 중간엽줄기세포가 정형외과 영역의 뼈나 연골로도 분화 가능성이 높았다.

당시 이 세포의 중요성을 바로 알게 된 나는 새로운 공부를 시작하게 되었고 획기적인 결과들을 만들었다. 물론 혈액줄기세포를 이용한 면역치료 분야에서도 활성화 림프구세포치료나 수지상세포치료도 이미 임상시험 중이었지만 새롭게 추가되었다. 내가 관리하는 연구실이 세 개나 될 정도로 연구가 집중되던 시기라 매일 새로운 세계를 탐험하는 기분이었다. 병원에서 만들어준 골수이식 연구실, 국가 연구비를 받아 수행하는 기초과학연구실과 실험실, 외부 벤처 기업과의 협력 연구를 위해 기업의 자금으로 만들어진 실험실이 있었는데 불 꺼지는 날이 없을 정도로 연구원들의 열정이 대단했다. 정부에서 지원되는 연구자금이 넉넉해서 대학 내 연구실에서는 첨단 연구를 진행했지만 외부 연구비를 받는 교수는 거의 없어 교수들에게 연구비를 지원해주기도 했다.

병원 연구실은 골수이식에 필요한 모든 연구나 세포 처리를 담당하였다. 당시 줄기세포의 분화, 유전자 도입 등은 지금도 그 논리의 중요성을 확인할 수 있다. 벤처실험실은 기업의 자금을 유치하여 병원 내 지하 2층에서 상업화 관련 연구를 하였다. 이 실험실에 연구 인원이 가장 많았다. 그러나 안타깝게도 대학연구실이 연구소장의 잘못된 판단과 외국에서 온 유명 교수의 이기심으로 강제 폐쇄되어 연구원들이 모두 벤처실험실로 모이는 문제가 발생했다. 한마디로 능력보다는 경력과 유명세가 판단의 기준이 되었다.

나는 매일 연구실로 회진을 돌았다. 7시 반부터 시작되는 회의와 현미경 진단을 마치고, 1년차 전공의가 안내하는 세 곳의 연구실을 도는 게 하루의 시작이었다. 이때 각각의 연구실 실험진행과 환자들 상태는 새로운 진단과 치료를 위해 임상의들과 연계하여 결정했다. 전공의와 연구강사는 이 시간에 얻은 환자들에 대한 결과를 즉시 다른 환자들에게 적용하여 좋은 결과를 얻었다. 아주대는 기반 연구 시설이 잘 갖추어져 있어 세계 어느 연구소도 부럽지 않았다. 무엇보다 하만준과 강엽 교수의 연구지원이 중요한 역할을 했다. 연구는 개인의 능력도 크지만 함께하는 연구원들의 도움도 중요하다. 강엽 교수는 지금도 나와 함께 일하고 있지만 연구원 시절 그와 하만준 교수가 없었더라면 그처럼 좋은 결과를 내지 못했을 것이다.

서울대와 연대, 카톨릭대 교수들을 제외하고 다른 대학의 많은 교수들이 우리 연구실을 방문해 교육을 받고 샘플들을 얻어 갔다. 국내 제약회사는 연구와 골수이식 교육이 필요한 교수들을 지원하여 아주대학병원에 1주일 교육과정을 만들기도 했다. 임상과 기초 분야에서 단기간에 1:1로 집중 교육을 실시한 것은 아마 우리가 유일할 것이다. 그만큼 줄기세포 관련 연구와 임상은 대학은 물론 제약업계에서도 매우 뜨거운 감자로 성장 가능성이 높다고 판단했다. 당시 각각의 연구원들이 수행한 연구는 현재 회사를 만들어도 될 정도로 대단한 내용들이었다. 나 역시 이 시기에 집중적으로 연구한 것들이 회사 설립 후 중요한 사업 전략의 기초가 되었다.

혈액분반술을 위해 실험대상이 되다

학자들은 이러한 줄기세포들의 존재를 20세기 이전에 추측하였다.

하지만 정확히 밝혀진 것은 한참 지난 뒤였다. 조혈줄기세포 이식을 처음으로 인간의 질병에 치료한 예가 1956년 미국 시애틀 암센터에서 도넬 토마스 박사에 의해 수행되었다. 백혈병을 치료하기 위해 일란성 쌍둥이의 골수로 이식하여 치료했다. 인류가 줄기세포로 처음 환자를 치료한 것이다. 불행히 환자는 얼마 후 재발하여 사망했다. 유전적으로 일치한 이식이라 이식편대백혈병효과(백혈병세포를 이종 세포로 인식하여 파괴하는 것)가 없어서 재발의 가능성이 높았을 것으로 추측한다.

이후 조직적합항원의 발견으로 골수이식은 빠르게 발전하였다. 기본적 의학 이론의 발전, 의료 장비의 개발, 신약 개발에 힘입어 골수이식은 눈부신 발전을 하였다. 한 가지 강조하고 싶은 신약은 G-CSFgranulocyte-colony stimulating factor이다. 암젠사에서 개발 판매한 단백질 신약으로 1990년대 초반부터 판매되었다. 이전까지는 항암제 사용 후 백혈구 감소증이나 골수이식을 한뒤 회복기에 의사들이 할 수 있었던 최선의 방법은 지지요법 후 기다리는 것뿐이었다. 이 시기에 감염으로 많은 환자가 패혈증으로 사망했다. 이 신약은 이러한 백혈구 회복을 극적으로 회복시켜주는 약이다. 이전 단백질 신약으로 인터페론과 인터류킨이 개발 되었으나 효과가 높지 않았다. 그러나 G-CSF는 획기적인 신약으로 전 세계 의사들에게 강력한 수단이 생겼다. 초기 의료보험에서 지급되지 않아 고가의 치료제를 사용해야 하는 어려움이 있었으나 효과가 좋아 시장이 급속히 커졌다.

이 약을 환자에게 투여해서 골수 내의 줄기세포가 혈관으로 나오게 하는 것이 가동화mobilization이다. 이렇게 혈관으로 줄기세포가 나오도록 유도한 후 혈액분반술apheresis을 이용하여 혈관 중 줄기세포가 높은 비율로 분포하는 단핵구를 추출하는 것이다. 추출된 단핵구를 안전하고 안정되게 보관하기 위해 초저온 냉동고에 장기적으로 보관하는 것을 냉동저장법cryopreservation이라고 부른다. 과정을 좀 더 자세히 설명하면 G-CSF 투여를 시작 후 언제부터 추출하는가가 첫 번째 고비이다. 물론 언제부터 약을 투여해야 하는지도 효과와 비용문제를 향상시킨다. 이 과정을 연구하기 위하여 혈액 내 줄기세포를 측정하는 기술을 배우고 사용하였다. 유세포분석기 flowcytometry를 이용한 CD34 양성세포 확인과 Methocult배지를 이용한 혈구 Colony 확인법이다. 이를 위해 매일 저녁 회진이 끝난 후 혼자 실험실에서 실험을 하였다. 언제 가장 적은 비용으로 고효율로 추출할 수 있는가를 확인하는 절차이었다.

다음 단계로 혈액분반술인데 국내에 처음으로 도입되는 장비들을 사용해야 했다. 물론 전공의 시절 단순 혈소판 분반술을 경험했만 단핵구 분반술은 높은 수준의 판단이 필요했다. 현재까지도 가장 많이 사용되는 CobeSpectra기계를 사용하였는데 당시의 대학병원들은 다른 두 가지 종류의 기계를 사용하였다. 처음이라 어디에서도 배울 수 없는 경험이었다. 환자를 대상으로 할 수 없어 주임교수와 내가 실험 대상이 되었다. 전공의 시절에도 교수님과 나는 같은 O형이라 같은 혈액형의 환자들이 오면 교대로 수혈한 기억이 있었다. 간호사에게 방법을 가르친 후 혈액분반술을 받았고 좋은 결과가 나왔다. 물론 다른 기계에 비해 사람이 계속 모니터링 해야 한다는 단점이 있었으나 내 판단으로는 충분히 사용할 수 있는 수치들이 나왔다. 당시 다른 대학병원들의 경험과는 크게 비교되는 결과였다.

다음 단계는 혈액분반술 결과물을 안전하게 초저온 냉동시키는 것이다. 이때 나는 냉동 보존학을 공부했다. 영화에서 인간을 액화 질소로 급속 냉동시키는 장면을 일반인들은 종종 떠올린다. 그러나 전혀 다르다. 세포가 액체 상태에서 고체 상태로 변하는 과정에서 세포가 손상을 입는다. 이러한 손상을 막는 보존액을 섞고 아주 서서히 냉동시켜야 한다. 이때의 고려사항들은 분반술 후의 결과물에서 적혈구와 백혈구의 농도, 보존액의 농도 및 처리 시의 온도, 자동화 냉동보존기의 온도 진행 설정이다. 미국의 기존 논문들이나 자료에서는 복잡한 절차를 거쳐야 하지만 나는 이런 일련의 과정을 단순화시켰다. 분반술 결과물의 혈구 농도 허용 범위를 설정하고 단순한 계산법으로 냉동 보존액을 투여해 허용 범위 내에서 자동으로 결과물이 최적의 최종 농도에 도달하도록 했다.

이 방법을 미국 혈액학회에 보고했고 Kim's protocol이라 불렀다. 지금도 두 개 이상의 병원에서 이 방법을 사용하여 효율적인 골수이식을 시행 중에 있다. 냉동보존기의 온도 진행 설정은 많은 참고 논문과 기본 냉동보존학적 지식을 이용하여 설정할 수 있었다. 일단 영하 90도까지 냉동된 줄기세포들은 영하 173도의 액화 질소 탱크에 장기 보존된다. 이러한 온도에서는 장기간 보관해도 안전하기 때문이다. 해동된 후 줄기세포가 정상적으로 기능을 하지 않는다면 환자는 반드시 사망하게 된다. 과연 내가 개발한 냉동보존 방법이 성공해서 환자가 살 수 있을까?

나를 믿고, 지원한 주임교수를 믿었다

혈액내과의 임상적 목표는 골수이식이었다.

골수이식의 성공률과 횟수가 그 병원 혈액종양내과의 실력이었다. 당시에는 성모병원이 가장 앞서 있었다. 군의관 시절 일주일 휴가를 내어 여의도 성모병원의 골수이식센터를 견학할 기회가 있었는데, 여러 교수님들이 친절하게 견학할 기회를 주신 것에 지금도 감사한다.

주임교수이신 김효철 교수는 나에게 큰 기회를 주었다. 새로운 형태의 골수이식을 성공시켜야 하는 과제였다. 병원 내 최고의 시설과 장비를 갖춘 실험실을 쓰고 있었지만 연구의 경험이 없어 더 많은 과제의 필요성을 느꼈다. 나와 같은 연구실에는 미국에서 연수를 끝낸 하만준 교수가 있었고, 옆방에는 캐나다에서 유학을 끝내고 내분비 연구실로 부임한 강엽 교수가 있었다. 주임 교수는 미국 럿거스Rutgers 병원에서 혈액종양내과 교수로 재직하던 중 아주대병원으로 왔다. 그는 연세의대를 졸업하고 바로 미국으로 가 전공의와 학위를 끝내고 교수로 있다가 아주대병원으로 왔는데 외국 교수들 중 성공적으로 정착해 의료원장까지 지냈다.

김효철 교수는 나에게 새로운 형태의 골수이식을 시도할 것을 지시하였다. 조혈줄기세포 이식이었다. 혈액내과에서는 말초 조혈모세포peripheral blood stem cell라 부른다. 1994년까지만 해도 의료 선진국에서나 시도되는 기술이었고 국내에서는 적극적으로 시도되지 않던 기술이었다. 때문에 장기적인 안정성에 의문을 갖는 학자들도 더러 있었다. 나는 고민하지 않았다. 매일 필요한 자료를 찾으며 공부하기 시작했다. 원서를 읽고 최근에 발표된 논문들을 읽다보니 마치 퍼즐처럼 작은 조각들을 맞추어 나가는 듯 했다. 하지만 책과 논문만으로는 내가 필요한 정보를 다 얻을 수 없었다. 성공할 수 있다는 확신은 들었지만 필요한 준비를 하기까지는 6개월 이상이 걸렸다.

처음 가동화 말초 조혈모세포이식mobilized peripheral blood stem cell transplantation, mobilized(PBSCT)이라는 단어와 자가이식이라는 의미

를 이해하는 데 시간이 필요했다. 전공의 시절 이식이 필요한 환자는 바로 성모병원으로 전원시키라는 당시 혈액내과 교수님의 지시가 있었다. 이식에 대한 두려움을 가지고 있어 내 영역에 이식은 없을 거라고 생각했는데, 직접 해야 하는 순간이 찾아왔다.

결국 1995년 5월, 두 환자에게 골수이식을 성공시켰다. 60세와 28세 여자 환자였다. 환자들의 상황에 꼭 필요하다는 판단에서 실시되었다. 혈액내과와 병원 모두 자가 골수이식에 큰 관심을 가지고 지켜보았다. 나름대로 신념과 용기를 가지고 있었기에 큰 부담은 없었다. 이식 후 9일이 지나자 두 환자 모두 백혈구가 상승했다. 아침 정례회의 시간에 전공의가 백혈구 증가 소식을 알리자 맨 앞줄에 앉아 있던 김효철 교수가 벌떡 일어나 뒷줄에 있던 나에게 오더니 성공을 축하한다며 악수를 청했다. 의사로서 가장 기쁘고 벅찬 순간이었다.

하지만 안심할 수는 없었다. 혈액내과 교수가 걱정이 되는 듯 나에게 주의를 주었다. 다른 병원에서도 실패한 경험이 있는데 네가 과연 성공시킬 수 있겠는가 하는 의심과 질투 같은 것이었다. 신경 쓰지 않았다. 만약 실패한다면 혈액내과학회에서 매장당할 것이라는 얘길 듣고 응원이 아니라서 서운했지만 나는 오로지 나를 믿었고 나를 지원한 주임교수를 믿었기에 성공할 수 있었다. 28세 여자 환자는 현재까지도 생존하고 있을 것이 분명하다.

첫 번째 고용량 항암치료와 자가이식이 성공한 이후 나는 대상 환자들을 좀 더 넓혔다. 줄기세포의 가동화, 추출, 냉동보관과 이식의 일련의 과정이 안정화되면서 연구강사 2년 동안 많은 환자를 치료할 기회가 있었다. 물론 이식을 받는 환자보다 훨씬 더 많은 다양한 질환의 환자들을 치료할 기회도 생겼다. 그 중에는 중환자들도 있었고, 순간의 판단으로 생명을 살릴 수도, 나쁜 결과를 초래 할 수 있는 찰나와 같은 순간들도 있었다. 모두 내가 극복해 나가야 할 과정이라고 생각하며 피하지 않았다. 무슨 일을 하든 평화적 성장만 있는 것은 아니기 때문이다. 우여곡절 끝에 맛보는 성공이야 말로 더 달콤하지 않겠는가.

연구는 쿠폰으로 되지 않는다

하만준 교수가 미국
에서 귀국해 아주대
학으로 오던 날이 기
억난다.

아주대의대가 설립 후 처음으로 채용했던 연구 전담 교수는 나와 함께 연구를 했던 하만준 교수와 강엽 교수다.

공항에서 밤 열 시쯤 실험실에 도착할 예정이라고 했다. 기대감으로 그를 기다렸다. 얼마 후 하 교수가 큰 이민가방을 들고 나타났다. 큰 가방 속에 무엇이 들어있을까 궁금해 하던 차, 하 교수가 가방을 열었다. 엄청난 선물을 기대한 것은 아니지만 가방 속에는 드라이아이스와 얼음이 가득차 있었다. 미국을 떠나올 때 지도 교수가 연구에 필요한 재료와 시약들을 하 교수에게 챙겨준 것이었다.

고국에 돌아갔을 때 부족한 연구 환경을 짐작한 미국의 주임교수는 가방이 터질 정도로 재료와 시약을 챙겨주었다. 하 교수뿐만 아니라 나에게도 최고의 선물이었다. 의료 선진국인 미국과는 현저히 뒤떨어지던 당시 우리 현실로 비춰볼 때, 하 교수가 가져온 재료들은 우리 연구실에 큰 재산이 되었다.

하 교수는 고향이 부산이라 가족들과 떨어져 지내야 하는 외로움을 감수하면서도 매사 적극적이고 친절한 사람이었다. 기초 연구실험 능력이 부족한 내게 하 교수는 큰 도움을 주었다. 혈액내과 환자들의 진단과 치료를 위해 최신의 과학 기술이 필요한 경우가 있는데, 최신 논문에 발표된 어떤 새로운 기술을 사용하려면 진단의 신속성과 정확성이 무엇보다 중요했다. 나는 밤늦도록 논문을 읽고 이튿날 새벽 회진을 돌기 전 하 교수와 옆방의 새로 온 강엽 교수에게 논문을 건네주며 해결해달라고 부탁했다. 우리 환자들을 위해 절실히 필요한 일이라고 했다. 세 시간 정도 회진을 돌고 연구실로 내려오면 그 사이 두 교수가 논문을 읽고 실험의 내용은 무엇이고 현재 자신들의 능력과 보유하고 있는 연구 재료로 적용 가능성이 있는지 없는지 설명해주었다. 그러면 나는 바로 병실에 전화를 걸어 환자의 검체를 내려 보낼 테니 확인해 달라고 부탁했다. 실험을 시작한 지 하루나 이틀이면 결과가 나올 정도로 모든 과정이 빠르게 이루어졌다. 연구와 임상을 거쳐 환자를 치료하기까지의 단계는 한 사람의 노력으로는 불가능한 일이다. 누군가 밤을 지새우며 책을 뒤지는 열정이 있어야 하고 이를 검증하고 확인하려는 의지와 믿음을 가진 또 다른 누군가가 있어야 이루어 낼 수 있는 일이었다.

두 교수는 나에게 종종 이런 말을 했다.

"임상 교수인 당신은 실험 자체의 기법에 너무 집중하지 말고 실험 방법이나 결과가 어떤 의미를 갖는지만 집중하세요."

그 말에 나는 감동했고 두 번째 행운을 잡은 듯 기뻤다. 매일 즐겁고 의미 있는 시간이었다. 몸은 힘들었지만 보람 있었다. 똑같은 일의 반복이라면 의미를 물어야 하는 문제가 생겼겠지만 매일 새로운 문제를 찾아야 했던 나는 일상이 조금도 지루할 틈이 없었다. 연구실과 병실, 외래 진료실을 오가며 문제를 찾고 해결해 나갔다. 저녁 무렵까지는 환자들 진료에 매달렸고 밤에는 실험실에서 일했는데, 특히 골수이식의 성공과 연관된 실험들은 직접하는 경우가 많았다. 환자의 세포를 분리하고 원하는 실험을 위한 준비를 해놔야 마음을 놓을 수 있었던 것이다.

연구와 임상실험에 대한 내 열정이 너무 지나쳐 하 교수를 괴롭히자 그가 어느 날 내게 말했다.

"연구는 쿠폰으로 되지 않습니다. 등록금을 내야 합니다."

내가 웃으면서 바로 이해한 데는 다 이유가 있었다. 마이카 시대가 절정이던 당시 학원을 다니지 않고도 연습쿠폰 한두 장만 사서 어렵지 않게 운전면허시험에 합격할 수 있었다. 일에 대한 열정과 하 교수와의 친분이라는 쿠폰으로 맘껏 우려먹으려고 했던 내 행태를 그가 꼬집었던 것이다. 그날 나는 거하게 술을 사는 것으로 쿠폰 값을 대신해야 했다. 그때는 정말 발에 버섯이 필 때까지 양말 한 번 갈아 신지 못했던 인턴시절 만큼 눈 코 뜰 새 없이 바빴지만 살아 있다는 강렬함이 충만해서 피곤함마저 잊어버렸다. 미쳐야 미칠 수 있다는 말처럼 나는 첫사랑의 열병에 걸린 사춘기 소년처럼, 한여름의 시퍼런 청춘처럼 일에 빠져있었다.

'FISH'는 물고기가 아니다

김효철 교수가 FISH 와 CGH를 해보라고 했다. 물고기를 왜 대문자로 쓸까라고 생각할 정도로 뭘 잘 모르던 때였다. FISH fluorescent in situ hybridization 와 CGH comparative genomic hybridization 는 염색체 이상을 진단하는 방법이다.

국내에서는 아직 사용되지 않던 기술로 아주대병원에 염색체 분석 장비가 들어와서 가능한 실험이었다. FISH라는 기술은 염색체 이상을 신속하게 확증하는 실험기법으로 백혈병 진단에 유용한 기술이었다. FISH는 하 교수와 처음 실험을 시작해 어렵지 않게 성공하여 연구실 내에 안정되게 정착시킬 수 있었으나 CGH는 그렇지 못했다. 수개월 간의 실험에도 전혀 진도가 나가지 않았다.

하만준 교수도 FISH까지는 성공했는데 CGH는 성공 못한 경우라 내가 과연 해낼 수 있을까 고민이 많았다. 발표된 논문들과 자료를 토대로 여러 번 실험을 반복했지만 한 발짝도 나가지 못했다.

얼마 후 미국 시애틀에 있는 줄기세포 장비 개발회사를 방문할 기회가 생겼다. 그때 나는 개발회사 방문을 마친 뒤 우리보다 훨씬 앞서 있는 골수이식병원인 'Fred Hutchinson cancer research center'를 방문했다. 한계에 부딪쳐 그 병원 연구팀을 찾아가 CGH 관한 도움을 받을 생각이었다. 그러나 기대를 안고 찾아가 물었지만 병원 안내자는 다음날 알려주겠다며 다시 오라고 했다. CGH 기술을 얻기 위해서는 열 번이라도 찾아갈 각오가 돼 있어 다음날 다시 방문했다.

조용하고 한적한 곳에 만들어진 연구소였다. 1층에 도착하니 연구원인 듯한 젊은 여자가 연구실로 안내했다. 나는 아주 솔직하게 부탁했다.

"대한민국 수원에 있는 아주대학병원 혈액종양내과에서 일하는 연구강사입니다. CGH실험을 하고 있는데 계속 실패해서 한 수 배우고 싶습니다."

그러자 그곳 교수가 자신들도 시작한 지 얼마 안 됐다면서 나를 연구실로 안내했던 그 젊은 여자 연구원한테 배워가라고 했다. 의대 졸업반인 그 연구원도 1년간 CGH를 연구하기 위해 파견 온 상태였다.

다음 학회 일정까지는 1주일 밖에 시간이 없어 나는 그날부터 실험을 배웠다. 실패의 원인은 무엇이고 어떤 차이가 있는 것인지 그 연구원으로부터 설명을 들어가며 직접 실험을 했다. 문제는 그들이 사용하는 형광 염색한 염색체를 관찰하는 현미경의 정밀도가 훨씬 좋고 실험대의 수평이 정확하다는 것이었다. 비로소 내가 실패한 원인을 조금은 파악할 수 있었다. 어떤 시약들이 사용되는지 하나부터 열까지 그 모든 과정을 꼼꼼하게 관찰하고 기록하는 것을 빠트리지 않았다. 내 성실한 태도에 그 젊은 연구원이 감동한 것인지 어느 때는 내가 질문한 것 이상의 것들도 알려주었다.

그러나 묵고 있던 호텔이 너무 멀어 연구실을 오가기가 힘이 들었다. 고심하다가 다음날 짐을 싸서 근처의 연구소 스튜디오로 가방을 달라고 했더니 예약하지 않았다며 거절했다. 현장 예약은 절대 받아주지 않는 그들의 문화에 당황하지 않을 수 없었다. 그냥 돌아가기는 그렇고 한번 해보자는 심정으로 현관 바로 앞에 있는 공중전화로 달려가 전화를 걸어 방을 예약했다. 그게 무슨 큰 차이가 있는 것인지 이해가 가지 않아 약간 불쾌했지만 방이 필요한 사람이 이해하는 수밖에 없었다. 연구소 스튜디오는 연구원들이 장기간 묵을 수 있도록 비용도 저렴하고 음식을 만들어 먹을 수 있는 주방

기구도 잘 갖추어져 있었다. 그날부터 나는 1주일 동안 연구실로 출근했다. 숙소로 돌아오면 그 모든 실험과정과 사용된 시약을 만든 회사와 제조번호까지 적어서 하만준 교수에게 팩스로 보냈다. 아침이면 다시 하 교수가 궁금한 사항을 팩스로 물어왔다. 그러면 연구실로 뛰어가 확인하고 실험하는 과정을 반복해서 다시 하 교수에게 팩스를 보냈다.

그렇게 일주일을 보낸 뒤 샌디에이고 일정까지 마치고 귀국하니, 하 교수가 CGH 진단 방법 실험을 성공시켰다고 했다. 정말 기뻤다. 우리가 해낸 것이다. 미국에서 고생한 보람이 있었다. 모르면 찾아가 배우고 없으면 있도록 만들라는 이치를 새삼 깨달았다.

위험한 것은 방사선이 아니라
이것을 다루는 사람

연구강사를 시작한 지 얼마 지나지 않았을 때였다. 주임 교수가 뉴욕에서 혈액종양내과 분야의 재교육 프로그램이 있으니 가서 배워오라고 했다. 미국으로 가려니 전공의 때 받은 비자는 아직 유효한데 여권을 다시 발급받아야 했다. 즉시 프로그램 신청을 하고 비행기 표는 예약했는데 호텔방은 구하기가 어려웠다. 뉴욕에서 세계 정상들의 UN회의가 있어 호텔방이 동 난 것이었다. 방을 구하지 않고 갔다가는 낭패 보기 십상이라는 걸 경험한 바 있어 알아보던 중 뉴욕에 있는 하 교수 친구를 통해 방을 예약할 수 있었다. 지금은 세계 모든 숙박업소를 클릭 한 번으로 찾을 수 있지만 그때는 그리 간단한 일이 아니었다. 세상이 이토록 빨리 좁아지고 가까워질 줄 몰랐다.

하 교수가 여행자 수표를 건네주며 뉴욕에 가서 방을 예약해준 현지 교수에게 갚으라고 했다. 그리고 그 교수가 실험에 필요한 중요한 재료를 줄 테니 꼭 받아오라는 것이었다. 그 정도 심부름은 당연히 해야 하는 게 마땅하지만 문제는 전달 받아와야 할 물건이 선물 같은 것이 아니라는 데 있었다. 방사선 동위원소인 P^{32}였다. P^{32}는 실험결과판독에 쓰이는 유용한 물질로 국내에서는 구하기 어려워 부탁한 것이었다. 지금은 상상도 할 수 없는 일이고 당시에도 정상적으로는 가져오지 못할 물건이었다. 하지만 필요한 물건이라면 가져와야 한다고 생각했다.

해보기로 마음먹으면 뒤돌아보지 않는 성격이라 하 교수의 부탁과 염려를 뒤로하고 나는 뉴욕으로 떠났다. 하 교수 친구를 만나러 약속한 장소로 나갔다. 뉴욕 록펠러대학 근처 길거리였다. 록펠러대학교는 생명과학과 관련된 연구기회를 제공하는 세계적인 연구 중심 대학이다. 석유재벌인 록펠러가 의학연구소를 만들면서 임상연구 의료기관으로 유명해졌고, 뉴욕주립대학교에 속한 대학원으로 재조직 되면서 노벨생리의학상과 노벨화학상을 수상한 과학자를 24명이나 배출했다. 그 유명한 대학 근처까지 가놓고도 들어가보지 못한 채 하 교수 친구로부터 약속한 물건만 받아와야 했다.

물건은 받아왔는데 더 큰 문제는 이 물건을 한국으로 어떻게 가지고 들어가느냐 였다. 뉴욕에서 유학 중이던 다른 한국인 교수들 또한 위험한 일이라고 말렸다. 만일 공항 검색대에서 걸리기라도 하면 그 망신을 어떻게 할 거냐고 그들이 나보다 더 걱정했다. 당시 김영삼 대통령도 UN정상회의 참석차 뉴욕에 와있어 실수라도 하는 날에는 한국인 체면이 말이 아니라는 주의였다. 나도 겁이 나지 않는 것은 아니었다. 그렇다고 받아온 물건을 호텔 방에 버릴 수도 없고, 일주일간의 교육이 끝나고 뉴욕을 출발하기 전날 곰곰이 생각했다. 방사선 차폐가 잘 되어 걱정할 필요는 없지만 그래도 만일을 대비해서 어떤 조치가 필요했다.

밖으로 나가 노점상에서 파는 초콜릿을 여러 봉지 샀다. 호텔방으로 돌아온 나는 초콜릿 봉지를 바닥에 쏟아놓고 은박지를 하나하나 벗긴 다음 그 은박지로 호두알만한 크기의 방사선이 든 상자를 여러 겹으로 감쌌다. 그리고 다음날 케네디 공항으로 향했다. UN 정상회의가 열리고 있어 케네디 공항의 경계는 삼엄했다. 긴장해서 손바닥에 땀이 고였다. 태연한 척 가방을 검색대에 올려놓았다. 가방은 무사히 통과했다. 그 1분의 시간이 하루처럼 느껴졌다. 뚱뚱하고 못생긴 남자 보안원이 벌떡 일어나 날 잡을까 봐 솔직히 가슴이 두근거렸다. 비행기를 타고 나서야 한숨 돌렸던 걸 생각하니 지금도 웃음이 난다.

과정이야 대놓고 칭찬받을 일은 아니었지만 그래도 하 교수와 내가 의학발전을 위해 고군분투한 사명감에 대해서는 욕먹을 일이 아니라고 생각한다. 험한 일을 시켜 미안하다며 나를 보고 웃던 하 교수의 표정은 지금도 잊지 못한다.

친구를 위한 한 번의 거짓말과 한 번의 진실

가을 하늘이 평화롭던
어느 금요일이었다. 하 교수와 나는 다른 대학교수들과 정부 연구
과제를 지원하기 위해서 서울 가는 버스 안에
있었다. 수원에서 서울 가는 광역버스는 언제나
만원이었다. 우리는 말없이 차창 밖으로 붉게 물들어가는 가을을
감상하며 서 있었다.

얼마쯤 가자 우리가 서 있던 바로 옆에 자리 하나가 비었다. 나보
다는 왠지 하 교수가 앉아야 될 것 같아서 그더러 앉으라고 했다.
서 있는 하 교수를 보니 뭔가 불편한 느낌이어서 잽싸게 그를 앉혔
다. 하 교수가 자리에 앉으면서 요즘 배가 더부룩하고 소화가 잘 안

되는 것 같다고 말했다. 식사 후에는 그런 증상이 더 심해지는 것이 뭔가 이상하다고 했다. 그러면서 암이면 체중이 빠지는데 자신은 그렇지 않으니 암은 아닌 거 같다며 농담을 했다. 나 역시 그가 하는 농담이 진짜 농담일거라고만 생각해서 복수가 차면 체중이 빠지지 않을 수 있다며 농담으로 되받았다. 그래도 모르니까 월요일에 소화기내과에 가서 꼭 내시경을 받아보라고는 했지만, 설마 하 교수에게 그런 일이 생길까 싶어 대수롭지 않게 넘겼다.

이튿날 아침 소화기내과 교수한테서 연락이 왔다. 하 교수의 검사 결과가 매우 심각하다고 했다. 그게 무슨 소린가 싶어서 바로 소화기내과 교수를 찾아갔다. 심각하다는 것은 위암 4기 형태로 위 전체에 암이 퍼져 있어 예후가 매우 불량한 것이다. 또 나이가 젊어 암의 진행속도도 빨랐다. 다리가 풀리고 정신이 멍해졌다. 엊그제 농담처럼 했던 말이 현실이라니 믿어지지 않았다.

내 눈으로 다시 확인해야 했다. 미친 듯이 달려 나가서 입원실을 예약해 놓고 CT 검사를 즉시 받을 수 있도록 전공의들에게 준비시켰다. 그리고 나는 외과 교수를 찾아갔다. 그 교수를 찾아 식당으로 가는 길이 캄캄한 밤길처럼 느껴져 제대로 걸을 수가 없었다. 전혀 생각지 못한 곳에서 복병을 만나 무엇을 어떻게 대처해야 할지 난감하고 겁이나 순간은 내가 의사라는 사실도 잊어버렸다. 병원 식당으로 갔더니 하만준 교수의 주임교수인 김현주 교수와 외과 주임인 김명욱 교수가 같이 식사를 하고 있었다.

"하 교수가 위암이랍니다. 오늘 필요한 검사를 다 해놓을 테니 내일 아침 첫 수술을 해주십시오."

정신 빠진 모습으로 달려가 말하자 두 교수도 당황한 듯 한동안 말을 잇지 못했다. 수많은 암환자를 상대하는 의사이지만 동료 의사의 병 앞에서는 무너질 수밖에 없었다. 인간의 영역과 신의 영역에서 갈등하는 것은 의사도 마찬가지이기 때문이다. 고맙게도 외과 교수는 흔쾌히 하 교수의 수술을 집도하겠다고 했다.

촬영이 시작되었다. 충격이었다. 내가 종종 보던 가장 예후가 불량한 위암이었다. 이미 복수가 차 있었고 소장이 암세포 전이로 엉켜있었다. 복막까지 유착되어 성한 곳이 없을 지경이었다. 하 교수도 이미 짐작하고 있었던 듯 시키는 대로 고분고분 말을 들었다. 하 교수를 눕혀놓고 정식으로 진찰을 했더니 암 종괴가 복막에 붙어 손에 만져졌다. 솔직히 화가 났다. 몸이 그 지경이 되도록 도대체 무얼 하고 산 것인지, 제 몸 하나 지키지 못하면서 무슨 다른 사람 목숨을 살리겠다고 암에 대한 연구를 한 것인지 따지고 싶었다. 그러나 나는 나보다 더 깊은 절망에 빠진 하 교수에게 괜찮을 거라는 뻔한 거짓말을 해야 했다.

하 교수가 내게 부탁했다.

"막내가 아직 어려서 조금 더 살아야 해, 조금만 더 살게 해줘."

나는 그의 간절한 소망을 차마 거절할 수 없어 걱정하지 말라고 했다. 며칠 사이에 한 번의 거짓말과 한 번의 진실을 말한 꼴이었다. 내 말이 씨가 되어 하 교수가 그렇게 된 것은 아닌가 별 생각이 다 들었다.

하 교수를 병실에 두고 집으로 가자니 뜨거운 눈물이 솟구쳤다. 아무리 마셔도 취하지 않는 술잔을 집어던지고 나와 걷자니 억울해서 견딜 수가 없었다. 그와 함께 보낸 숱한 시간들에 대한 보상이 결국 이런 것이라면 다 부질없다는 생각만 들었다. 그 밤 나는 1%의 희망과 1%의 절망 사이를 오가며 비틀거렸다.

하 교수의 투병 생활은 그렇게 시작되었다. 무엇보다 내가 다시 냉정한 의사로 돌아가야 하 교수를 살릴 수 있었다. 병은 위로와 동정으로 치료할 수 없다. 전쟁을 시작해야 하는 일이다. 이미 시작된 전쟁이라면 기필코 싸워서 이겨야 살 수 있다. 나는 하 교수를 살리기 위한 최선의 방법과 노력을 기울였다. 그러나 하 교수가 항암치료를 강력하게 거부했다. 가망 없는 자신 때문에 가족들이 상처받는 걸 원치 않는다고 했다. 그의 생각에도 특별한 방법이 없어 그랬을 것이다. 죽기 살기로 매달려도 시원찮은데 그가 치료를 거부하니 난감했지만 그의 의지를 꺾을 수는 없었다.

내가 할 수 있는 일이라고는 하 교수 집으로 찾아가 진행 상태를 살피고 복수를 빼주는 일이었다. 그는 점점 야위어 갔다. 그런 그를 지켜봐야 하는 일이 더 고통스러웠다. 자신보다 아내와 아이들 때문에 더 괴로워하는 그를 위해서 나는 소형 녹음기를 가져다주었다. 아이를 위해 못 다한 이야기와 하고 싶은 이야기를 모두 녹음하라고 했다. 그는 좋은 방법이라며 어린애처럼 웃었다. 그가 그렇게 웃음을 잃지 않고 조금씩 나아지길 바랐다. 하지만 병은 계속해서 악화되었고 다시 입원해서 항암치료를 받아야 하는 지경에 이르렀다. 하 교수도 더 이상은 항암치료를 거부하지 않았다. 나는 모든 수단과 방법을 사용했다.

일반 항암치료와 강력한 항암치료, 면역세포치료와 강력한 수지상세포치료까지 사용하였다. 강력한 수지상세포요법을 사용하던 중 복수가 감소하면서 병세가 호전을 보인다고 병리교수가 놀라운 소식을 전했다. 복수의 암세포가 안 보인다는 것이다. 그러나 나는 그들처럼 하 교수의 호전을 드러내놓고 좋아할 수가 없었다. 일시적 효과는 잠깐이었고 얼마 후 병세는 다시 악화되었다. 하 교수를 내가 가장 잘 관리할 수 있는 골수이식병동 일인실로 옮겼다. 가족들이 편안하게 면회하고 간호할 수 있도록 친구인 내가 그를 위해 해줄 수 있는 마지막 특혜였다. 그는 인공호흡기를 달고서도 나와 눈을 맞추며 이야기했다. 그가 내게 하고 싶었던 무수한 말들 중에는 아마 자신이 못 다한 삶에 대한 간절한 부탁이었을 것이다.

밤 10시쯤 회진을 갔더니 그는 의식이 없었다. 가족들은 모두 지쳐 잠들어 있었다. 말없는 인공호흡기만 계속 하 교수를 붙잡고 있었다. 나는 호흡기의 알람스위치를 조용히 껐다. 손바닥으로 그의 얼굴을 쓸어보았다. 그가 죽었다는 사실이 여전히 믿기지 않았지만 이제 그를 보내야만 했다. 고통스런 투병생활도 끝이었다. 그의 환한 웃음과 뜨거운 열정만 기억할 것이었다. 내가 무슨 일을 하던지 그가 날 지켜보고 있을 텐데, 내가 아직 부족해서 그와의 약속을 잘 못 지키고 있다. 하 교수를 위해서라도 그가 꿈꾸었던 인생을 꼭 살아낼 것이다. 친구가 하늘에서도 날 돕고 있으니 분명 잘 될 것이라 믿는다.

1999년, 가장 뜨거웠던
내 인생의 여름

Chapter.5

The Marquis Who's Who Publications Board

Certifies that

Hyun Soo Kim

is a subject of biographical record in

Who's Who in the World
Thirty-Third Edition
2016

inclusion in which is limited to those individuals who have demonstrated outstanding achievement in their own fields of endeavor and who have, thereby, contributed significantly to the betterment of contemporary society.

Fred M. Marks
Fred M. Marks, Editor-in-Chief

김현수는 세계 최초의 줄기세포치료제 '셀그램 – 에이엠아이Cellgram – AMI®'를 개발해
줄기세포산업의 발전에 기여한 공로를 인정받아 세계 3대 인명사전인
'마르퀴즈 후즈 후 인 더 월드Marquis Who's Who in the World'에 등재되었다.

해동 후 줄기세포를
안전하게 활성화시키다

세계적으로도 골수이
식치료에 관한 성공사
례들이 여러 차례 발표
되고 있었다.

골수이식 경험이 많은 나는 가장 강력한 항암
화학요법으로 여러 말기암환자에게 치료를 시
행했다. 어느 달에는 20명을 이식한 경우도 있
었다. 1990년대 후반에는 대량의 항암제 사용과 골수이식이 여러
고형암에서 효과를 보일 것이라는 의견이 많았다. 그러나 차츰 장
기적인 예후들에 대한 결과가 발표되면서 고용량 항암치료와 효과
적인 암들이 분류되었다. 또 자가이식을 하게 되므로 이식편대백혈
병효과가 없어 재발률도 높았다. 새로운 치료법이 없을까 고민해야
했다. 단순 화학적 구조를 갖는 약들과 단백질 신약을 사용하는 것

외에 추가적인 약이 없을까? 고민하며 자료를 찾던 중 세포 자체를 약으로 사용하는 연구를 하게 되었다.

내가 갖고 있는 주요 수단이 환자의 혈액에서 백혈구를 분리하는 기술이다. 이 백혈구들을 암을 치료하는 수단으로 사용하자는 것이다. 일단 기초 실험을 하였다. 백혈구를 시험관 내에서 활성화시키는 방법을 연구하였다. 이미 오래전 일시적으로 사용된 기술로 미국 로센버그 박사가 NIH에서 사용한 LAK lymphokine activated killer 세포요법이다. 고용량 항암치료로 대부분의 종양을 제거하고 미세하게 남아 있는 종양을 면역세포치료로 제거하는 것이다. 이 면역세포요법에 필요한 실험을 하여 기준에 도달할 수 있는 방법을 터득하게 되었다.

그런데 한 가지 장벽이 생겼다. 바로 채취한 백혈구를 실험하는 것은 성공했는데 냉동 보관중인 세포를 해동하여 활성화시키는 데는 실패했다. 해동 후의 환경이 백혈구들을 활성화시키는 데 방해가 되었다. 계속적인 실험에도 불구하고 실패했다. 분명히 성공할 수 있는데 무엇이 문제일까?

늦가을이었다. 머리도 식힐 겸 어느 날 오후 연구원 두 명을 데리고 원천 유원지로 놀러 갔다. 지금은 주택단지로 개발되어 별 매력이 없지만 그때는 울창한 소나무 숲도 있고 잉어낚시터도 있는 근사한 호반공원이었다. 영통에 있다 보니 거리도 가까워 회식장소로도 맞춤인 곳이었다. 그날은 늦가을이고 바람이 차서 그런지 유원지가 썰렁했다. 호숫가 식당에서 닭요리를 시켜 먹어가면서도 해동된 세포가 왜 활성화되지 않는 것인지 이야기했다. 머리를 식히러 와서도 내내 그 문제에서 자유롭지 못해 애꿎은 술잔만 기울였다. 실험실에서 찾지 못한 답을 유원지에서 술 마시며 찾으려니 답이 나올 까닭이 없었다. 그래도 우리는 왜 실패할까? 라는 답을 찾기 위해 끊임없이 물고 늘어졌다. 끝내 답은 못 구하고 술만 취해서 돌아오고 말았다. 돌아오는 차 안에서 연구원들에게 말했다.

"계속 실패하면 우리 다 같이 호수에 빠져 죽자."

그런데 신기하게도 그 다음날 실험실로 돌아와 보니 상황이 달라져 있었다. 같은 방법을 사용했는데 해동 후 안전하게 백혈구를 활성화 시키는 데 성공한 것이다. 무슨 조화인가 싶었지만 아무리 생각해도 원천유원지에 갔다 온 덕분인 것 같았다. 뜻이 있는 곳에 길이 생긴다고 우리가 고민을 놓지 못하고 있으니 하나님이 감복해서 도와준 것인지도 모른다. 이후부터 우리는 일이 풀리지 않을 때마다 원천 유원지의 기운을 생각했다. 무슨 일이든 가만히 앉아서 얻어지는 것은 없다.

수지상세포 논문, 그들이 먼저 접수했다

내 기억으로는 약 70명 의 환자들이 방법으로 치료했다.

아주대학 혈액종양내과에서는 항암치료 프로 토콜을 표준화해, 고용량 항암치료와 자가이식 을 시행하는 환자에게 활성화 림프구 면역치료 를 했다. 면역세포치료도 단순하게 활성화만 시켜 주입하는 방법과 기능을 더 높여 치료하는 방법을 사용했다. 환자의 진단명과 상태 에 맞는 맞춤형 치료법을 정착시킴으로써 많은 환자들이 혜택을 보 았다. 이식 후 종양 억제 효과로 재발률을 낮춘 것이다.

그러나 모든 환자가 반응하지는 않았다. 특히 고형암에 가까울수 록 면역세포치료에 반응하지 않는 환자가 많았다. 뭔가 새로운 요법이 필요했다. 1996년 어느 날 오후 김효철 교수가 논문 하나를 들고 연구실로 왔다. 미국 록펠러대학의 스타인만 박사가 쓴 수지상세포에 대한 논문이었다. 그걸 보니 눈이 번쩍 뜨였다. 내 항암치료 프로토콜에 한 가지 이상의 새로운 치료 방법이 추가되려는 순간이었다. 논문은 수지상세포에 관한 내용이었고, 나에게는 이러한 치료방법을 개발할 수 있는 충분한 자원이 있었다. 우리 연구팀은 이미 면역세포치료에 관하여 여러 경험을 갖고 있어 곧바로 실험을 시작했다.

연구하는 중에 수지상세포치료 미국 학회가 있어 참석해 보지 않을 수 없었다. 그 학회에서는 수지상세포치료와 관련된 최신의 실험 결과들을 보여주었다. 일정을 끝내고 돌아오는 비행기 안에서 차근차근 정리하다 보니 기존의 방법에서 단점을 잘 보완한다면 새로운 방법이 만들어질 것 같았다. 즉 조혈줄기세포를 이용하여 수지상세포를 만드는 것이었다.

당시에는 안 쓰던 방법이지만 성공한다면 강력한 기능을 갖는 이상적인 수지상세포가 만들어질 것이 분명했다. 이론적으로 수지상세포는 조혈줄기세포로부터 만들어졌다. 나에게는 조혈줄기세포를 쉽게 분리할 수 있는 연구실이 있으니 어떻게 새로운 증식 분화 환경을 만들 것인지만 연구하면 될 것 같았다. 면역학적 지식을 이용하고 현실적으로 내가 사용할 수 있는 수단들을 정리했다. 비행기 안에서 실험 방법까지 설정해 돌아오자 바로 실행에 들어갔다. 몇 달 후 결과가 나오기 시작했다. 수지상세포가 임상적으로 기능이 탁월한 세포라는 것이 밝혀졌다. 이렇게 만들어진 수지상세포의 정교한 면역학적 반응을 확인하는데 또 다시 8주 이상의 긴 실험이 필요했다. 그런데 잘 만들어진 세포가 정작 정교한 면역 반응은 일으키지 않는 것이었다. 실망이 컸지만 연구를 멈추지는 않았다.

무엇이 문제인지 연구를 거듭하고 있던 차 일본 기린사의 수지상세포 연구소를 방문할 기회가 생겼다. 그 회사 연구소에서는 통상적인 실험들을 하고 있어 별 도움을 받을 수 없었지만 동경에 있는 일본 암센터의 수지상세포 연구실은 달랐다. 그곳에서는 기능이 매우 탁월한 수지상세포를 만들었고 펩티드peptide 항원을 이용한 정교한 면역 반응 실험까지 하고 있었다. 문제는 그런데도 반응 결과가 나오지 않는다고 했다. 내 경우와 다르지 않은 고민 같았다.

노교수가 내게 최근에 발표한 논문을 보여주면서 이 논문에서는 조직 항원의 아형subtype이 일치해야 반응한다고 했다. 즉, 내가 한 실험은 한국인의 세포를 이용하고 표적세포는 한국인의 위암세포와 서양인의 유방암세포를 표적으로 했는데, 펩티드는 미국에서 디자인된 것으로 조직 적합 항원의 아형이 다른 것이었다. 당시에는 아형을 검사하는 것이 어려웠다. 그래서 나는 노교수에게 암세포의 아형에 따른 펩티드의 구조와 실험용 암세포주의 유전자형을 알려

달라고 했다.

　노교수는 책상위에 종이 한 장을 꺼내 놓았다. 내가 원하는 정보가 모두 들어 있었다. 복사해줄 것을 부탁했더니 노교수는 규정상 복사를 해줄 수가 없다고 했다. 안 된다고 하니 눈으로라도 담아가려고 뚫어져라 종이를 쳐다보았다. 순간 복사는 안 돼도 베껴가는 것은 상관없겠지 하는 생각이 떠올랐다. 내가 노트를 꺼내 빛의 속도로 내용을 베끼자 노교수와 한 여자 연구원이 어쩔 수 없다는 듯 그저 쳐다만 보았다. 간절한 것을 얻으려면 가끔씩 뻔뻔한 행동을 해도 괜찮다는 자기 합리화를 해가며 노교수에게 깍듯한 작별인사를 하고 돌아왔다. 바로 펩티드 제작에 들어갔고 실험에 적합한 암세포주를 구매했다. 새로운 실험을 시작하고 8주가 흘렀다. 예상대로 정교한 면역 반응을 확인할 수 있었다. 한국과 일본인의 조직접합형의 아형은 같았다. 마침내 조혈줄기세포를 이용해 수지상세포를 만들 수 있게 되었다.

　이렇게 만들어진 수지상세포의 독특한 기능은 인터페론-감마interferon-gamma를 직접 만들어낸다는 것이다. 그런데 당시만 해도 이런 사실이 알려지지 않아 수지상세포는 생산하지 못한다는 것이 정설이었다. 내가 이러한 내용을 일본 혈액학회에 보고한 지 얼마 지나지 않아서 삼성 병원에 있는 이현아 박사로부터 급하게 전화가 왔다. 내가 수지상세포를 만들기까지의 실험 내용을 누구보다 잘 아는 교수였다. 일본 혈액학회에서 상 받은 논문이 내가 한 실험과 완전히 똑같다고 했다. 확인해 보니 실험 방법과 효과를 검증하는 방법까지 일치했다.

그런 일들이 비일비재하다는 소리는 들었지만 내 경우가 될 줄은 생각지 못했다. 일본학회에서 내 논문은 결국 거절당했다. 발 빠르지 않으면 살아남기 힘든 세상이라 이 역시 실력이라는 생각으로 쓴 웃음을 지어야 했다.

경쟁과 질투를 최고의 에너지로 승화시키다

환자들의 진단명과 상태에 따라 체계적인 치료 방법이 제시되었다.

통상적인 항암치료, 고용량 항암치료와 골수이식, 면역 림프구치료와 수지상세포치료 등이었다. 물론 모든 환자를 살릴 수 있던 것은 아니지만 당시에는 현존하는 최선의 치료 방법들이었다. 내 파트의 전공의들과 연구강사가 연구실과 연계하여 진단부터 치료까지 원활한 시스템으로 돌아가다 보니 환자와 의료진 모두 만족도가 높아질 수밖에 없었다.

의학이 질병의 속도를 따라갈 수는 없지만 그래도 골수이식의 성공은 암치료에 큰 가능성을 열어주었다. 연구강사와 전공의들의 협력관계도 좋아 연구실을 중심으로 한 내 파트는 안정적으로 성장해 갔다. 그동안 많은 우여곡절이 있었지만, 지나고 보니 모든 일들이 다 필요한 과정이었다. 그렇다고 내가 무슨 올림픽에 나가 금메달을 딴 것도 아닌데 지켜보는 시선들이 많았던 듯 대놓고들 파문을 일으켰다. 그래도 건방 떨지 말고 잘 나갈 때 조심하라는 말을 염두에 두었어야 하는데, 흔한 말로 내 부덕의 소치를 깨달아야 하는 일이 생겼다.

그날도 여느 때와 다름없이 오전 회전 중이었다. 골수이형성증으로부터 전이된 급성 백혈병 환자로 초기에 강력한 관해요법을 사용한 후 동종 골수이식이 필요했다. 하지만 자손으로부터 받는 골수이식은 위험성이 높아 일단은 골수이식을 권유하지 않고 강력한 항암치료를 실시했다. 다행이 일차 요법에 관해가 되었다. 바로 악화될 것이기에 공고요법을 사용하면서 자가 골수이식과 면역요법을 권했다. 환자와 보호자는 모두 동의했는데, 방법을 쓰기도 전에 너무 빨리 재발되어 환자의 상태가 더 나빠지는 것이었다. 의사 입장에서도 안타까워 여러 방법을 써 가며 추이를 지켜볼 수밖에 없었다.

환자는 이북에서 혼자 월남하여 형제지간이 없다고 했다. 다행히 남편을 생각하는 아내의 사랑이 눈에 보일정도로 지극해서 보기 좋았다. 아내의 간호가 지극해서 그런지 환자의 표정도 그리 어둡지 않았다. 내 부친의 고향도 이북이라고 했더니 친근함을 느꼈는지 환자는 나만 보면 이런저런 이야기를 털어놓았다. 회진이라 한 환자에게만 붙들려 있을 수 없어 어느 때는 마음이 급했지만 나와 이야기하고 싶어 하는 그 환자의 눈빛을 바로 무시할 수는 없었다. 그런 내 마음을 읽은 듯 환자가 내게 충고해줄 말이 있다며 걱정스럽게 말을 꺼냈다. 그 환자의 사위가 혈액내과 모 교수와 아는 사이어서 전해준 말이라고 했다. 내가 정당하지 않은 치료를 하고 있으며 실력이 없다는 소리였다. 또, 한 병실 간호사도 나에 대해 좋지 않은 감정을 가지고 있으니 조심하라는 것이었다. 내가 치료하는 환자로부터 그런 소릴 들으니 화가 나면서도 부끄러웠다. 불만이 있으면 내게 직접 말할 것이지 환자의 보호자를 통해 전하게 한 것은 이해할 수 없었다. 환자와 보호자에게 병원을 대표하여 정중하게 사과했다.

맘 같아선 당장 쫓아가 맞장 한번 뜨자고 하고 싶었으나 오죽했으면 그런 비겁한 짓을 했을까 싶어서 참았다. 어느 조직이든 불협화음이 없을 수는 없다. 인적 구성이 복잡한 수직적 구조로 이루어진 병원은 특히 예민하고 잡음 많기로 유명하다. 의대부터 전문의가 되기까지 그 긴 과정을 거치면서 그 정도의 에티켓과 그 정도의 교양이 몸에 배지 않는다면 견딜 수 없는 곳이 병원이다. 막말로 성질 좋은 놈도 없고 성질 나쁜 놈도 없는 곳이 병원이고 의사라는 사실을 모르지 않는다면 그런 유치한 감정을 함부로 드러내지 않았을 것이다.

못 들은 척 일주일이 지난 어느 날 아침에 이식 관련자 회의가 열렸다. 매주 하는 회의로 전반적인 환자들에 대한 검토와 최신 의학에 대한 공부를 하는 모임이다. 의사들, 간호사들, 사회사업가, 병원 행정팀과 영양사 등 모든 관련자가 참석했다. 회의 중 그 교수가 갑자기 그 환자의 이름을 들먹이며 나의 진료행위가 부당하고 과학적 근거가 없다고 강조했다. 언제든 그가 내게 도전해올 것이라는 걸 알고 있었기에 나는 당황하지 않고 대답했다. 마침 연구강사에게 주려던 논문이 있어 근거도 확실했다. 나와 거의 같은 의견들이 종합적으로 실린 논문으로 영국의 대규모 병원에서 취하고 있는 정책이었다. 나는 그 논문을 예로 들며 내 치료가 부당하지 않다는 걸 얘기했고 내 환자까지 관심을 가져줘 정말 감사드린다고 했다.

회의장은 순식간에 냉랭한 분위기로 바뀌었다. 그는 더 이상 반론을 제기하지 못했다. 회의가 끝난 뒤 그를 다시 엘리베이터 앞에서 만났는데 그가 긴장한 표정으로 논문을 보여 달라고 했다. 나는 기꺼이 건네주었다. 모르면 엎드려서라도 배우고 익히는 것이 학문이라고 했다. 좋은 경쟁과 질투는 자신을 성장시키는 최고의 에너지라는 걸 알기에 나에 대한 그의 견제가 몹시 안타까웠다. 몇 년 후 그는 결국 병원을 나갔다. 그가 떠난 후 낙하산으로 들어온 자낙하산으로 날아간다는 우스갯소리가 돌았지만 나에게는 나를 돌아보고 점검하는 씁쓸한 계기가 되었다.

세계 최초 중간엽줄기세포의
신경세포로의 분화 성공

골수의 줄기세포인 중
간엽줄기세포에 대한
관심이 매우 컸다.

연구 자금과 인력이 있어 도전해 볼 만했다.
중간엽세포의 증식, 분화능력을 이용한 치료법
을 개발하고 싶었다. 그때 동국대학교 대학원생
인 윤희훈 학생이 실험실에 와 있어 한 가지 연구를 지시를 했다.
줄기세포로 간세포를 만들고 싶으니 내가 주는 실험조건대로 실험
을 하라고 했다. 내과 의사들에게 중환자들에게서 일어나는 간 손
상이나 만성 간염에 의한 간경화는 극복하기 힘들어 그저 회복되기
를 기도하는 것뿐이었다. 이 연구가 성공한다면 간경화의 획기적인
치료제로 쓰일 수 있었다.

한 달 정도 지난 뒤 학생에게서 전화가 왔다. 와서 현미경을 확인해 달라는 것이었다. 바쁘니 전화로 설명해 달라고 했더니 말로는 못하겠다고 했다. 말로 설명하지 못할 정도면 뭔가 있다는 소리였다. 한걸음에 연구실로 달려갔다. 현미경을 보면서 학생에게 질문했다. 왜 여기에서 신경세포가 보이는 것이지? 학생도 당황해서 자신도 간세포가 만들어지는 줄 알았는데 아무리 봐도 신경세포라는 것이었다. 의도하지 않은 결과에 놀라 잠시 생각하다가 다시 지시했다. 세 개의 서로 다른 검체로 세 번씩 실험하고 신경세포를 확인할 수 있는 면역세포 화학적 검사를 하라고 했다. 그리고 누구에게도 이 내용을 발설하지 말라고 주의시켰다. 공연히 웃음거리가 되기는 싫었다. 신경세포로의 실험이 확실해지면 그때 말할 참이었다. 면역세포 화학적 검사 결과는 확실했다. 간세포가 아닌 신경세포가 만들어졌다.

삼 개월 후 김효철 주임교수, 동국대 김정극 교수, 라이프코드 최수환 사장 등을 회의실로 모이게 했다. 내게는 중요한 일이라 오늘 본 내용에 대한 비밀 유지 각서를 받겠다고 했더니 주임교수가 못마땅한 표정을 지었다. 중간엽줄기세포가 신경세포로 변하는 결과와 과정을 설명했다. 주임교수가 어느 논문에 실린 내용이냐고 물었다. 내 설명에도 불구하고 믿지 못하겠다는 눈치였다. 비밀 유지 각서를 받은 것은 내가 이룬 실험 결과이기 때문이라고 했더니 모두 놀라서 눈을 동그랗게 떴다. 그때까지 아무도 밝혀내지 못한 세계 최초로 중간엽줄기세포의 신경세포로의 분화를 성공한 것이다. 1999년 일이었다. 현재는 내과 교과서에도 중간엽줄기세포가 신경세포로 분화한다고 기술되어있으나 당시에는 불가능한 현상으로 받아들였다. 새로운 세상이 보였다. 나는 바로 특허를 냈다.

기질세포 특허 출현,
작명의 오류를 조심하라

당시까지 같은 중간엽 계열로의 분화는 가능했으며 잘 정리된 조건이 확립되어 있었다.

즉 뼈, 연골, 지방세포로 분화하는 방법은 이미 1995년부터 미국 대학과 회사에 겸직하고 있는 아놀드 카플란 박사가 논문 및 특허를 출원한 상태였다.

신경세포로 분화할 수 있는 가능성을 더 확인한 것은 젊은 교수들의 공부시간을 통해서였다. 세포 신호 전달을 연구하는 호흡기내과 교수가 공부시간에 신장의 발생학적 과정 중 발생 계통을 탈분화하는 것을 발견한 논문을 발표했다. 그 교수는 신호전달을 연구하는 과정 중 논문을 발표했지만 내 눈에는 탈분화 능력이 보였다.

카플란 박사의 논문과 특허 내용을 보니 중간엽줄기세포라는 이름을 짓고 분화능력에 대한 특허를 출원한 상태였다.

특허 등록이 된 후에는 사이언스라는 논문에도 발표했다. 공부를 하다 보니 혈액내과 영역의 연구에서 이미 분화능력에 대한 논문이 발표되어 있었다. 단지 골수기질세포라는 이름을 중간엽줄기세포라는 새 이름으로 대체하고 있을 뿐이었다. 이후 10년간 한 학자의 이름 작명의 오류가 전체 과학계의 생각을 좁혀 놓았다. 그 자신도 오랜 시간이 흐른 후 Medicinal Signaling Cell(MSC)이 적당한 이름이라고 하였을 정도이다. MSC 약자는 모두 같다.

일단 나도 특허를 먼저 출원하였다. 카플란 박사에게 배운 것이다. 연구테마의 한 파트는 줄기세포 유래 수지상세포에 관한 것이고 다른 주류는 줄기세포의 분화능력과 그 활용방법이었다.

내 전공이 골수이식이어서 난치성 암환자의 골수이식에 중간엽줄기세포를 활용하는 방법을 생각했다. 이미 실험적으로도 중간엽줄기세포가 조혈줄기세포의 환경을 조성하여 조혈작용을 도와준다는 것이 아주 오래전부터 논리적으로 알려져 있었다. 또한 이 세포들이 면역 관용과 세포 재생효과를 발휘하기 때문에 골수이식 시 조혈줄기세포와 동시에 이식하면 여러 가지 장점이 예상되었다. 단지 자가이식의 경우에 암의 재발 가능성을 높일 것이 우려되고 자가이식 자체의 위험성이 낮아 불필요하다고 생각했다.

처음으로 배양된 줄기세포를 이식해
질병을 극복하다

1999년 말 젊은 여자 환자가 대전으로부터 전원되었다.

후배 조도연 교수가 치료를 부탁했는데, 조교수가 근무하는 대학병원의 중환자실 간호사였다. 골수이형성증으로부터 발생한 급성 백혈병으로 예후가 매우 안 좋은 암이었다. 일단 관해 항암치료를 한 후에 동종 이식을 위해 형제들의 조직 적합형 검사를 했다. 불행히도 일치하는 형제가 없었다. 관해요법 후 보호자 면담을 했는데, 다행히 사촌 형제가 내과 전문의로 군의관 복무중이었다. 상태를 설명한 후에 동종이식이 필요하나 조직 적합형 일치 형제가 없어서 중간엽 줄기세포 동시 이식을 권유했다. 내과 의사라 상태의 심각함을 잘 알고 있었고 새로운 방법에 동의했다.

　일단 여자 형제로부터 조혈줄기세포를 추출하고 골수로부터 중간엽줄기세포를 배양하여 동시에 이식하기로 계획했다. 동종이식의 경우 냉동보관이 필요 없어 환자에게 이식 전 처치로 대량의 항암제를 투여하고 동시에 공여자 줄기세포를 추출했다. 또한 이식 4주 전에 골수를 채취하여 중간엽줄기세포의 배양을 시작했다. 그러나 중간엽줄기세포의 배양은 잘 되었으나 조혈줄기세포의 추출에 문제가 있었다. 공여자가 가동화 조혈줄기세포 추출 전 바이러스성 감기를 앓아서인지 줄기세포의 숫자가 적었다. 이미 전 처지가 끝나 이식은 해야 하고, 하는 수없이 줄기세포 분리 후 이식했다.

　물론 배양된 중간엽줄기세포도 동시에 이식했다. 10일이 경과하자 초초해지기 시작했다. 이식된 조혈줄기세포의 양이 통상적으로 조직 적합형 불일치에서 필요한 양보다 적었다. 12일째 되는 날 내과 의사인 보호자를 만나기로 했다. 추가 이식을 진행하기 위해서 설명이 필요했다. 이식 12일째 환자의 말초 혈액 표본을 현미경 검사를 했더니 새로 만들어지는 중성구가 보이기 시작했다. 중성구가 오르기 시작한 것이다. 보호자를 만나서 추가 이식이 필요 없을 것 같다고 설명하자 매우 기뻐했다. 다음 날부터 백혈구는 급격히 오르기 시작했고 1주일 후 혈소판의 증가가 관찰되었다. 이식편대숙주반응도 없었다. 이론적 예상이 적중했다. 배양된 중간엽줄기세포는 조혈줄기세포의 착상을 효과적으로 촉진시키며 이식편_graft_의 면역 반응도 억제했다.

환자는 빠르게 호전되어 갔다. 이런 경우 제일 경계하는 것이 거대세포바이러스의 감염으로 일주일에 두 차례 이상 가장 민감한 바이러스 검사를 실시해야 했다. 그러나 바이러스의 감염은 관찰되지 않았다. 환자는 얼마 후 퇴원해서 주기적으로 내원해 검사를 실시했다. 그날도 외래로 내원해 여러 가지 혈액 검사와 바이러스 감염 검사를 받았다. 아무런 증상이 없었다.

그런데 며칠 후, 아마 목요일이었을 것이다. 아침나절 환자가 갑작스런 고열과 가슴 통증을 호소해 외래로 방문했다는 연락이 왔다. 즉시 입원시키고 진찰을 했더니 흉부 방사선 검사에서 희미한 폐렴 소견을 보였다. 바이러스 검사를 다시 보내고 급작스런 상태 변화에 대비했다. 오후가 되자 환자가 다시 흉통의 악화와 호흡곤란을 호소했다. 방사선 검사를 실시하자 폐렴이 아침보다 더 급격히 악화되었다. 담당의로서는 비상상황이나 마찬가지였다. 환자를 중환자실로 옮기고 인공호흡기를 준비시켰다. 마침 연구실에서 호출이 왔다. 다시 보낸 바이러스검사에서 강한 양성 반응을 보인다고 했다. 어떻게 하루 만에 바이러스가 급격히 악화될 수 있을까. 혈액 산소 농도가 급격히 떨어져 기관지 삽관과 인공호흡을 실시한 뒤 최대 산소를 주입하고 PEEP(기계 호흡기의 일종)을 걸었지만 간신히 산소 포화도를 유지할 수 있었다. 환자를 수면상태로 유도하고 항바이러스제를 적극적으로 사용했다.

다음날 아침 나는 중요한 결정을 했다. 면역억제제를 모두 끊는 것이었다. 이식 후 이식편대숙주반응은 전혀 없었고 바이러스와의 싸움을 위해 면역억제제를 끊는 것이다. 이러한 조직 불일치 이식에서 면역 반응과 감염은 시소와 같아서 하나를 치료하면 다른 하나가 악화되는 악순환의 고리에서 환자를 잃을 가능성이 가장 많았다. 지금도 그때의 판단이 최선이었는지는 알 수 없다. 그러나 환자를 살리기 위한 최선의 판단이었다고 생각한다. 항바이러스제 효과가 나타나려면 시간이 필요했다. 그동안 면역억제제를 계속 사용한다면 중증의 감염에서 회복하기 어렵다는 판단이었다. 하지만 이식편대숙주반응을 세심하게 관찰했다. 바이러스성 폐렴은 쉽게 호전을 보이지 않았지만 다행이 면역 반응은 나타나지 않았고 발열도 감소했다.

환자는 중환자실에서 40일 만에 의식이 돌아왔다. 바이러스가 약에 반응하여 폐렴이 호전되기 시작했다. 기관절개술로 말할 수는 없었지만 조금씩 호전되고 있었다. 면역 억제제를 끊은 후에도 다행히 이식편대숙주반응은 나타나지 않았다. 비로소 마음이 놓였다. 다만 환자가 중환자실에서 오래 있어 근육이 많이 약해져 있었다. 재활 치료만 받으면 충분히 좋아질 수 있어 걱정할 일은 아니었다.

하루는 외래 진료를 보고 있는데, 그 환자가 걸어 들어왔다.

"선생님 저 이제 걸을 수 있어요."

환자가 눈물을 흘리며 걷는 모습을 보니 나도 가슴이 먹먹해졌다. 의사로서의 자존심보다 생명에 대한 경외감이었다. 사경을 헤매던 환자가 멀쩡히 걸어서 내 눈앞에 나타난 걸 보니 치료해 놓고도 믿기지 않았다. 환자의 살고자 하는 의지 또한 강해서 좋은 결과를 얻었지만 현대 의학의 가능성과 의사의 역량을 다시 한 번 확인할 수 있었던 사례였다. 이후 환자는 완전히 회복하여 퇴원했다.

그녀는 2002년 아주대 병원을 퇴사하고 새로 개원한 조그만 병원에서 간호사로 일하다가 건강이 더 좋아져 다시 대학병원으로 돌아갔다.

두 마리 토끼를 잡다
중간엽줄기세포 동시 이식

고위 공무원으로 오랫동안 골수 섬유화라는
병을 앓고 있는 환자였다. 우리 골수이식 팀은
고령의 환자나 조직 적합형 불일치 환자에게는
두 가지 줄기세포를 동시에 이식하는 방법을 사용했다. 환자는 섬
유화가 심해짐에 따라 비장이 너무 커져서 갑작스런 파열이 걱정될
정도였다. 비장으로 골수 기능이 옮겨지고 있으나 전체적으로 혈액
을 만들어내는 기능이 감소되어 빈혈을 포함한 범혈구감소증이 있
었다. 적극적인 치료를 결정하기 쉽지 않았다. 계속되는 적혈구 수
혈도 필요했다. 환자는 현재의 업무가 매우 중요하여 계속 일하기

를 원했고 나로서도 골수이식을 언제 해야 할지 결정하기가 쉽지 않았다. 그러나 시간이 지나면서 질병은 서서히 악화되어 백혈병의 형태를 보였고, 계속된 적혈구 수혈로 이차적 혈색소침착증secondary hemochromatosis이 발생했다. 물론 철분 제거를 위해 계속 약을 사용하였지만 이미 이전에 충분한 양의 수혈을 받아 내분비계 이상이 나타났다. 조절되지 않는 당뇨병이었다.

1년 이상이 흐른 후 환자와 가족에게 적극적인 치료를 제안했다. 바로 골수이식이었다. 환자와 가족은 그 이후에도 수개월 이상 결정을 내리지 못했다. 결국 급성 백혈병으로 진행될 즈음 골수이식을 하겠다고 찾아왔다. 먼저 골수 공여자에 대한 준비를 실시하여 환자의 형이 일치하는 것을 확인하고 공여자 준비를 실시했다. 환자의 검사 결과 비장 종대가 너무 커 골수이식이 실패할 확률이 높았다. 수술 기법상 완전 절제술이 쉬울 수 있으나 비장을 완전히 절제하면 이식 후 면역 기능의 약화가 수반되어 외과 교수와 상의했다.

그동안 비장 절제술을 담당해주던 소의영 외과교수로 매우 신중하고 판단이 빠른 분이었다. 내가 존경하는 외과교수 중 한 분인 그 교수는 훗날 병원장과 의료원장으로 능력을 크게 보여 주었다. 외과교수는 수술적으로 비장종대가 너무 커 부분절제술이 더 어렵지만 내과 의사가 필요한 수술은 한다고 했다.

마지막으로 거의 조절되지 못하는 당뇨에 대하여 내분비내과 동료 교수와도 상의했다. 기본 검사결과 인슐린 분비능력이 없어져 이식 중에 인슐린을 계속 정맥 주사하는 것으로 준비를 마쳤다. 그밖에 혈색소침착증에 의한 심장기능부전 등 여러 가지 주의사항과 대처할 방법을 준비했다. 또한 공여자의 나이가 거의 60세에 이르러 환자와 공여자의 나이를 합치면 110을 넘었다. 한마디로 매우 어려운 이식이다. 역시 중간엽줄기세포 동시 이식을 권유하였다. 공여자에게도 설명하고 이식 한 달 전 골수를 채취하여 중간엽줄기세포 배양에 들어갔다. 환자는 이식 전에 비장 부분절제술을 받았고 이식전 수술 후 합병증 없이 회복했다.

골수이식에 들어갔다. 전 처치로 대량의 항암제와 전신 방사선 조사를 실시했다. 두 가지 줄기세포는 순조롭게 이식이 되었다. 이식 후 비교적 환자는 안정적인 상태를 유지하였고 이식 후 10일쯤 백혈구의 증가를 관찰할 수 있었다. 그런데 이상하게 저혈당에 빠지는 것이었다. 내분비내과의 계산대로 인슐린을 주사하여 혈당이 잘 조절되었는데 저혈당이 반복적으로 나타났다. 인슐린 투여량을 감소시키고 당 부하검사와 인슐린 분비능 검사를 실시했다. 놀라운 결과가 나타났다. 인슐린 분비가 나타났다. 내분비내과 교수와 상의하였으나 이식 전 인슐린 분비가 거의 없었고 골수이식 전 처치로 사용하는 항암제와 방사선 조사가 오히려 인슐린 분비를 악화시키는데 이해할 수 없다는 것이다. 그 이후 환자는 경구 혈당 강하제로도 충분히 조절될 정도로 당뇨병이 호전되었고 이식도 원만히 잘 이루어져 퇴원이 가능했다. 중간엽줄기세포 동시 이식이 중증의 당뇨병도 호전시킬 수 있는 객관적 증거가 되었다. 나는 두 마리 토끼를 잡은 셈이었다.

환자는 내가 아주대학병원을 퇴사한 이후에도 개원한 내과 병원에서 추적 관찰을 했다. 혈액 질환은 완전히 완치되었고 당뇨병도 인슐린 주사 없이 경구 약제로 조절이 되었으나 만성 이식편대숙주 반응이 나타났다. 관절통 및 관절의 강직이 주요 반응이었다. 의학과 질병의 변이 속도에 대한 한계를 느끼지 않을 수는 없지만 그래도 생명에 대한 인간의 의지를 말릴 수는 없다. 다시 시작하고 다시 도전해야 했다.

암에 세포를 이용한 치료를 시도하다

적지 않은 환자들이 암의 재발이나 진단 시부터 전이성 암으로 사망한다.

내가 근무하던 혈액종양내과는 대부분 암환자였다. 나는 가장 젊은 교수이어서 다른 교수들이 미국 유학을 가면 그들이 보던 환자를 2년간 대신 볼 수 있었다. 원래 전공은 혈액학이었으나 현실적으로 당시의 대학병원들이 혈액질환만을 따로 볼 수 있던 병원은 매우 드물었다.

고형암 중에서 유방암, 위암, 대장암, 두경부 종양이 주로 내 담당이었고 위암, 대장암, 두경부 종양은 다른 교수들이 유학하는동안 대신 진료를 맡았다. 항암요법이 내가 주로 할 수 있었던 치료

방침이었으나 이미 완치의 시기를 넘긴 환자들이 많았고 화학 약품의 항암제로는 생명연장도 불가능한 상태가 많았다. 교수를 시작하던 시기에 단백질의 구조를 갖는 신약들이 개발되어 사용할 수 있었으나 완치율이나 생명연장을 보장하지는 못했다. 그렇다면 세포를 이용한 치료를 해보자는 생각이 들었다. 즉 골수이식과 같이 세포를 이용하여 부족한 기능을 만들어 주자는 개념이었다.

암에 대한 인체의 면역기능이 작용할 수 있다는 것은 오래전부터 알려져 있었다. 그러나 증거만 있을 뿐 이것을 어떻게 활용할 수 있는지는 잘 알려져 있지 않았다. 1970년대 새로운 항암 단백질이 알려지고 개발되었다. 바이러스에 감염된 세포가 바이러스를 억제하기 위하여 만들어내는 인터페론을 사용하는 것이다. 초기 동물 실험에서 인터페론은 강력한 항암 효과를 발휘했다. 암세포를 이식한 동물에 인터페론을 투여하면 거의 모든 암이 제거되는 효과를 확인할 수 있었다. 매우 고무적인 결과로 인간에게도 높은 효과가 나타날 것을 기대했고 당시 국내 최고의 여자 연예인이 출현한 드라마 소재로 사용되기도 했다.

그러나 인간을 대상으로 한 연구에서 매우 실망스러운 결과를 보였다. 일반 고형암에 대한 효과는 매우 미미하여 임상적으로 사용할 가능성은 낮았고 일부 혈액질환이나 악성흑생종, 신장암에서 효과를 확인할 수 있는 수준이었다. 좀 더 효과적인 단백질 신약을 찾던 중 인터류킨-2interleukin-2라는 물질을 찾았다. 역시 동물 실험에서 탁월한 효과를 확인했고 임상 시험을 실시하여 인터페론 보다는 높은 효과를 확인할 수 있었다.

그러나 기대와는 달리 높은 치료효과를 보이진 않았다. 하지만 연구자들은 항암면역기능의 확인과 활용 방법에 대한 연구에서 좋은 성과들을 보이고 있었다. 1985년 미국 시사 잡지인 뉴스위크 겉면에 Dr. Rosenberg 박사의 사진이 실렸는데, 내용은 인터류킨-2를 이용한 항암면역세포치료에 대한 것이었다. 중증의 신장암환자를 미국 NIH에서 항암면역세포치료를 하여 높은 치료효과를 보인 것이다. 세계는 열광했고 이 방법이 매우 어렵지만 큰 기대를 모았다. 그러나 이후의 연구에서 방법이 어렵고 환자들을 중환자실에 입원시켜야 할 만큼 위험하여 임상적 결과가 기대만큼 높지 않았다. 방법적인 개선과 독성을 줄이는 개선이 필요했다. 많지는 않았지만 항암 면역세포치료에 대한 시도가 계속되었다.

다시 10년 후 미국 뉴욕 록펠러 대학의 Dr. Steinmann이 새로운 연구 결과를 발표했다. 고도로 특화된 면역 반응의 정점에 있는 수지상세포dendritic cell에 관한 것으로 인체 외에서 대량으로 수지상세포를 만들 수 있고 이를 활용한 항암면역세포치료의 효과를 연구한 것이다. 1995년 미국 혈액학회 공식 잡지인 Blood지에 논문이 실렸고, 김효철 교수가 연구실로 논문을 가져와 나에게 주면서 해

보라 했다.

우선 수지상세포는 기초 연구 실험이 더 필요해 연구를 시작했다. 인터류킨-2와 함께 항암면역세포치료가 가능한 수준이었다. 특히 초기 인터류킨-2 보다는 훨씬 정제되고 부작용의 주요 원인인 엔도톡신 함량이 획기적으로 감소한 제품이 상용화되었다. 나는 자가 줄기세포 이식시 다량의 백혈구를 얻을 수 있었고, 대략 일조개(10^{12})의 백혈구를 얻어 냉동 보관하게 되었다. 이를 이용한 면역세포치료를 준비했던 것이다. 이런 대량의 세포를 배양하려면 특수한 배양기가 필요했다. 초기에는 매우 큰 유리 용기를 이용한 기록이 있지만 새로 개발된 공기 투과 플라스틱 백을 사용하기로 했다. 이미 세포를 얻어 냉동보관 중이었고 안정하게 해동하는 기술까지 확보되어 있어 이 세포를 대량으로 일시에 인터류킨-2로 활성화하는 것만 완성하면 되었다.

실험을 바로 시작했다. 활성화 림프구의 기능을 검증하고 배양과정 중 오염의 가능성을 제거하는 절차를 거쳤다. 수차례 반복 실험으로 전체 과정을 안정화 한 후에 환자를 치료하기 시작했다. 우선 이식 후에도 재발의 가능성이 높은 자가 조혈줄기세포 이식환자를 대상으로 했다. 환자들에게 전체 과정을 설명하고 환자가 얻을 수 있는 기대효과와 부작용을 설명하고 동의서를 받았다. 혈액분반술로 추출한 세포들을 자가이식에 사용하고 남은 잉여의 세포로 면역세포치료를 실시했다. 이식 후 회복의 과정이나 부작용의 발생에 대해 일차적으로 관찰하고 면역 기능의 회복과 장기적인 재발 억제를 확인했다. 그리고 초기 이식의 문제나 부작용이 크지 않음을 알게 되었고 70여 명의 환자에게 실시했다.

그러나 이렇게 강력한 치료에도 불구하고 재발하는 환자들이 나타났다. 암을 특이적으로 강력하게 제압할 수 있는 치료법이 요구되었다. 고용량 항암요법은 대량의 항암제를 사용하여 육안적으로 관찰할 수 있는 암은 거의 제거하게 되었다. 눈에 보이지 않을 만큼의 미세한 암세포가 재발을 일으키므로 이 미세 잔류암을 항암 면역세포치료로 제거해 재발을 억제하는 것이었다. 그 다음에는 수지상세포를 사용할 단계였다. Steinmann 박사의 논문을 기초로 연구를 시작하고 외국 학회와 새로운 논문들을 기초로 수지상세포 제조 방법의 개발을 실시했다. 기존의 방법은 혈액 단핵구로부터 만들어지는 수지상세포로 방법이 간단하기는 하나 다량의 수지상세포를 얻기는 힘들었다. 즉, 소규모 동물 실험을 하기 위한 용량으로는 가능하나 인체를 대상으로 치료적 용량을 얻기는 어려웠다.

따라서 줄기세포를 활용하는 방법에 눈을 돌렸다. 호주 DC2000 학회에 가서 여러 가능성이 있는 새로운 수지상세포 제조 방법을 구상했다. 이론적인 방법과 현실적으로 할 수 있는 방법들이었다. 돌아오는 비행기 안에서 몇 가지 실험 조건을 설정하고 돌아온 즉시 실험실에 실험을 시작하도록 지시했다. 우선 조혈줄기세포를 분리하여 수지상세포를 만드는 작업을 시작하고 만들어진 수지상세포의 면역학적 특성을 확인했다. 앞에서도 언급했지만 새로운 수지상세포가 면역 활성화에 집중하도록 하기 위하여 인터페론 감마가 생성된다면 임상적으로 효과가 높을 수 있었다. 만들어진 세포의 특성 분석을 위해 당시 삼성의료원에서 수지상세포를 이용한 항암 면역세포치료법을 연구하던 이현아 박사팀에게 보내 분석했다. 이현아 박사가 우리 연구팀의 수지상세포에 대해 잘 알게 된 것은 이런 인연 때문이었다. 일단 수지상세포의 수는 기존의 방법에 비해 30~60배 이상을 얻을 수 있었고 특이하게도 이 세포들이 인터류킨-2interleukin-2와 인터페론 감마를 동시에 생산했다. 표현형은 당시의 분류로 CD8alpha+ 림포이드 수지상세포였다. 그러나 분비하는 사이토카인이나 기능면에서는 당시에 항암면역기능을 유도하는 것으로 알려진 골수구성 수지상세포의 양상을 보였다. 마우스에서만 밝혀진 CD8alpha+ 수지상세포의 인간형으로 2010년 이후 가장 효율적인 항원소개세포로 알려진 CD141+또는 CD1c+-DC이었을 가능성이 있었다.

기초 연구가 안정 되어 임상 시험을 위한 보건복지부 자금 지원 신청을 했다. 순조롭게 과제 준비를 했고 심사 결과 지원 대상으로 확정되어 당시로써는 일 년에 2억 원이라는 큰돈을 지원받을 수 있게 되었지만 충분한 것은 아니었다. 부족한 부분은 다른 연구비로 채우기로 하고 일단 임상 시험을 시작했다. 대상 환자는 유방암 수술을 받은 환자로 림프절 전이가 25개 이상인 고위험군 환자이며 통상적인 재발 억제 항암요법을 마친 환자로 결정했다. 재발의 가능성이 낮은 환자의 경우로 이러한 실험적 치료를 하는 것은 의료 윤리적으로 위험성을 감수해야 하는 문제가 있을 수 있기 때문이다. 이미 재발한 환자들은 다른 타당한 통상적인 치료 약품이 존재하기 때문이다.

당시에 내 생각은 대상 환자들은 통상적인 재발 억제 목적의 항암치료를 한 후에 다른 타당한 치료법이 없었고 단지 관찰하는 것이었다. 그러나 이런 환자들의 대부분은 재발하고 이차 항암요법을 받게 되기 때문이다. 모두 다섯 명의 환자를 목표로 시작했다. 내 담당 임상 분야가 수술 후 항암요법이기 때문에 외과의 협조를 얻어 임상 시험을 원활히 진행할 수 있었다.

혈액분반술을 통하여 줄기세포를 추출하고 단 클론 항체를 이용하여 줄기세포를 분리했다. 사이토카인 조합을 이용해 2주간 수지상세포를 증식 분화시킨 다음 이렇게 만들어진 수지상세포를 환자에게 투입한 후 T-림프구의 면역 반응 활성화를 위해 인터류킨-2를 2주간 주사했다. 이때 사용한 인터류킨-2의 용량은 단독으로 사용할 경우에는 주요한 항암면역반응을 일으키기에는 부족한 적은 용량이었다. 그러나 저용량으로 부작용 없이 수지상세포에 의한 림프구반응 유도를 도와줄 수 있다고 판단되어 이를 사용하였다. 물론 고가의 약값이 현실적인 문제라고 할 수 있었다.

　재미있는 일화가 생각난다. 인터류킨-2는 현재까지도 카이론이라는 제약회사에서 생산하는데 상품명이 Proleukin이고 약값이 고가이다. 한 바이알이 1,800만 단위의 인터류킨을 포함하고 있다고 표시되어 있으나 약 포장을 자세히 보면 실제 적재된 용량은 2,200만 단위이다. 즉 바이알에서 약을 주사기에 옮길 때 바이알에 남는 용량을 계산하여 충분히 넣는 것이다. 또한 설명서에는 주 사용 생리식염수에 섞은 후 하루 내에 사용하는 것을 권장하고 있으나 여러 자료나 실험결과 단백질의 안정성이 높아 오래 동안 활성이 유지되는 것을 확인 할 수 있었다. 나는 임상 시험비를 절약하기 위해 약을 200만 단위로 분주하여 적어도 2,000만 단위를 열흘 동안 투여할 수 있도록 했다. 알부민에 섞어 냉동 보관하는 경우 더 오래 동안 저장이 가능함을 확인했다.

　이렇게 효과적인 사용법을 나름 사용하고 있던 중 병원에 카이론 회사 부사장과 관련 교수가 와서 강의를 했다. 여러 가지 좋은 내용을 듣고 질문을 하던 중 현실적인 문제를 질문했다. 당신들은 왜 용액에 섞은 후 하루 내에 사용하는 것을 권장하고 낮은 용량의 사용에 대해서는 언급하지 않는가? 부사장의 답변은 간단했다.

"실제 안정성은 용액과 섞은 후 수개월 이상 유지되나 사용 안전성을 위해 가급적 신속히 사용하라는 것이고 과학적인 근거는 없으며 낮은 용량의 사용은 각자 판단에 따라 사용하는 것입니다."

유방암 임상 시험 외에도 말기 암환자들에게 수지상세포요법을 실시했다. 이 경우 의사의 판단에 의해 안전성과 유효성을 담보하는 시술에 해당한다. 마치 골수이식과 같은 경우로 당시에는 세포 치료가 식약청에 의해 의약품으로 분류되기 전이라 의사의 판단에 따라 시술할 수 있었다. 이 부분은 따로 자세히 언급하겠지만 적어도 2002년 5월 내가 대학을 나오기 이전까지는 전문의사의 판단과 능력에 따라 시술할 수 있었다.

유방암의 재발 억제 목적의 수지상세포 임상 시험은 대상 환자들에게 수지상세포가 투여된 후 바로 대학을 나오게 되어 후임인 박준성 교수가 그 일을 맡았다. 재발 억제 목적은 달성한 것으로 기억한다. 그러나 이 임상을 종료하는 과정에서 박준성 교수가 고생을 하고 불이익을 당하게 된 것은 유감이다. 박 교수에게 고마움을 전한다.

신념이 용기를 주었다

Chapter.6

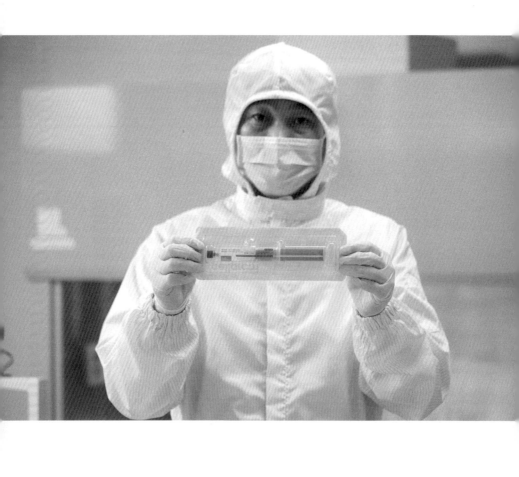

환자들이 좋아하는 의사 선생님

의사에게 수술은 손으로 하는 재주라고 할 수 있다.

의학적 지식은 있지만 손재주가 둔해서 수술에 적합하지 않은 의사도 있는 반면 신의 손이라 할 정도로 빠르고 정확한 손도 있다. 마치 요리에 대해선 모르는 것이 없는데 제 손으로는 요리를 할 줄 모르는 사람이 있고, 타고난 미각과 감각으로 주방에만 들어가면 신공을 펼치는 그런 사람들도 있다. 의사도 마찬가지다. 나는 일찍부터 아버지 병원 수술방 경험이 많았고 유전적으로 수술에 탁월한 능력이 있다는 소릴 많이 들어왔다. 그렇다 하더라도 술자리에서 신의 손이니 뭐니 하는 이야기를 하며 오버하고 교만을 떨다가는 낭패를

볼 수 있다. 생명을 다루는 일에 교만은 득보다 실이 많기 때문이다. 잘난 체하던 손으로 환자를 죽이기라도 한다면 의사로서의 생명도 끝날 수도 있다. 신의 손도 결국은 의사의 손이고 의사가 환자를 치료하고자 하는 의지가 없다면 제 아무리 빠르고 정확한 손을 가지고 있다고 해도 소용없다.

지금은 그런 겸손함을 잃지 않으려고 자주 나 자신을 점검하게 되지만 대학병원에 있을 때는 그게 잘 통제가 되지 않았다. 동료들과 교수들이 수술하는 손재주가 좋다고 하다 보니 나 스스로도 대단한 자심감이 있었다. 혈관 수술은 흉부외과에서 많이 하는데 내가 진료하던 중에 발견하면 그냥 두고 볼 수 없어 직접 수술하곤 했다. 내가 직접 할 경우 30분이면 마칠 수 있는 수술인데, 외과에 의뢰해서 절차를 거친 다음 마취과에 통보해서 스케줄을 잡기까지 3~4일이 걸리다 보니 나로서는 기다리기 답답했다.

이를테면, 목요일 오후에 응급실로 환자가 들어 왔는데 진찰해 보니 덩어리 같은 게 만져지는 것이 암같다고 하자. 절차대로 한다면 저녁에 외과에 연락해서 조직검사 의뢰를 한다. 그러면 다음날 외과에서 환자상태를 진찰한다. 응급이 아니니 주말을 넘겨 월요일에나 수술을 하게 되고, 결과는 수요일에 나온다. 하지만 내가 응급실에서 조직을 떼어 병리에 보내면 저녁에 1차 결과가 나온다. 디테일한 결과는 아니지만 당장 내일 아침에 항암치료를 할 수도 있다. 내가 당장 수술하자는 소리에 간호사들은 이해할 수 없다는 표정을 짓지만 환자입장에서 생각한다면 과연 내 선택이 잘못인가. 내 그런 돌발적인 행동에 외과교수들은 "바쁘게 사시네, 별 일도 다하시고…"라고 말하며 내 역할과 영역에 대해 비아냥거렸다.

　나도 오버한다는 거 알고 있다. 하지만 욕 한마디 듣는 것보다 내 눈 앞에 있는 환자를 먼저 치료하는 게 더 중요했다. 해서 내 환자는 무조건 스테이션에서 커튼을 쳐 놓고 처치실에서 조직검사를 내보냈다. 환자를 치료하고 수술할 때 느끼는 희열과 보람이 내 오버를 멈출 수 없게 만들었다. 규정과 절차를 몰라서 그런 것이 아니라 환자를 보면 참을 수 없는 내 존재의 가벼움을 느꼈던 것인지도 모른다. 레지던트와 간호사들한테는 독한 의사로 좋은 평가를 받지 못했을 테지만 결과적으로 환자가 있어야 의료진도 존재한다고 이해해줬으면 싶다.

방어 진료는 환자와 의사 모두 손해다

모 공중파 방송에서 의료진에 대해 극단적으로 이야기하는 걸 봤다.

방송이 아니더라도 의사에 대한 일반인들의 평가는 인색한 편이다. '권위적이다, 진료시간이 너무 짧다, 전문 용어로 말해서 알아듣기 어렵다' 등 진료비에 대한 평가보다 담당 의사에 대한 불만이 더 많을 걸 알 수 있다. 방송은 이런 문제에 대해 시민들의 반응을 솔직하게 내보냈다. 내 입장에서는 매우 불편할 수 있는 이야기지만 한번쯤은 짚고 넘어가야 한다는 생각이다. 역지사지易地思之라는 말은 '입장 바꿔 생각해보라'는 뜻이다. 물론 의사가 되는 길은 험하고 멀다. 사람의 생명을 다루는 일이다 보니 다른 일보다 훨씬 어렵고 부담되는 일이긴 하지만 그래서 더 큰 기대를 가지고 있는 것이 사실이다. 무슨 일을 하든지 자신의 능력과 재주를 다른 사람을 무시하고 공격하는 데 쓴다면 존경은커녕 비난의 대상이 되기 십상이다. 특히 환자가 의사를 신뢰하지 않는다면 아무리 좋은 약을 쓴다한들 치료효과가 높을 리 없다. 나 역시 말은 비단처럼 하지만 모든 환자들에게 비단처럼 대하지는 못했다. 환자와 의사가 서로 믿고 신뢰해야만 의사도 살고 환자도 산다는 것을 잘 알면서도 성숙하지 못할 때가 많았다.

환자가 의사에 대한 불신이 생기면 의사는 신념 있는 치료를 못한다. 환자를 치료하다 보면 이럴 수도 저럴 수도 있는 경우가 생기는데, 이럴 때 환자와 의사간에 믿음이 없으면 치료가 한계에 부딪칠 수도 있다. 물론 믿음을 주지 못한 의사의 책임이 더 크다. 이럴 경우 의사는 자신을 믿지 못하는 환자에게 방어 진료를 하게 될 확률이 크다. 특히 중환자실 환자와 암환자를 치료하다 보면 다양한 치료방법이 동원되는 경우가 허다하다. 이럴 때 의사가 확고한 신념을 가지고 적극적인 자세를 취하지 않으면 불신은 더 커진다.

신념이 없는 의사는 보호자에게 '이럴 수도 있고 저럴 수도 있으니 선택 하세요' 한다. 환자 입장에서는 판단의 선택을 자신이 져야하는 부담을 가져야 한다. 의사의 방어 진료라고 보지 않을 수 없다. 마치 '약 먹고 죽을래? 그냥 죽을래? 여기서 죽을래? 집에 가서 죽을래?' 하는 식이라면 보호자가 어떤 선택을 하겠는가. 의사들도 잘못된 부분은 냉정하게 가려내서 믿을 만한 집단이라는 신뢰를 쌓아야 한다. 물론 훌륭한 의사들도 많다. 슈바이처까지는 아니더라도 최소한의 양심과 인간에 대한 예의만 있다면 우리가 방송에서까지 매 맞을 일은 아니라고 본다. 같은 편이고 같은 식구라는 생각으로 개인적인 부족함을 보상하려는 일부 의사들 때문에 전체 의사들이 평가받는 안타까운 일은 생기지 말았으면 한다.

자연치료로 가버리는 환자들

현대의학에도 분명 한계와 기적이 있다.

보통 한계는 인간이 만들고 기적은 신이 만든다고들 한다. 그러나 도저히 설명할 수 없는 의학적 한계와 기적은 의사가 만드는 것이라고 생각한다. 특히 암환자들에게 의사의 한마디는 한계가 될 수도 있고 기적을 일으킬 수도 있다. 의사가 먼저 '현대의학의 한계가 여기까지입니다. 우리나라에서는 더 이상 완치 사례가 없습니다' 라고 한다면 환자는 더 이상 삶의 의지를 놓아 버린다. 의사가 치료를 못하겠다는데 어떤 환자가 병원에 매달리며 비싼 의료비를 감당하겠는가. 환자는 그때부터 병원 밖으로 치료제를 찾으러 다닌다. 이른바 자연치료를 하기 위해서 들로 산으로 온 가족이 동원된다.

자연치료를 무시하는 것은 아니다. 현대과학 이전에 우리 조상들은 민간요법과 자연치료 덕에 살아올 수 있었으니 그 영향력을 배제할 수는 없다. 현대과학의 뿌리도 민간요법과 자연치료에서 나온 것이라고 할 수 있다. 환자들이 그러한 선택을 하는 이유에는 의사들이 현대의학의 한계를 너무 빨리 인정하고 놔버렸기 때문일 수도 있다. 치료사례가 없다는 이론적 근거에 매달려 새로운 사례를 만들어낼 도전을 하려 하지 않는다. 당연히 위험한 일이고 시간과 비용이 많이 드는 일이니 안전하고 편한 길을 가고 싶을 것이다.

정부정책 역시 단기간에 성과를 보이는 것에는 지원을 해주지만 미개발 분야에는 별 관심을 보이지 않는다. 내가 줄기세포치료제를 개발하기까지도 적잖은 시간과 모험이 필요했다. 하지만 좋은 성과를 얻었고 환자 치료에도 큰 성과가 있었다. 열악한 환경만 탓하며 도전하지 않았다면 그런 결과를 얻지 못했을 것이다.

지금은 민간 투자도 활발하고 정책도 많이 완화되었지만 내가 줄기세포를 연구하고 임상실험할 때만 해도 지금하고는 다른 환경이었다. 우리나라에서는 의사가 대학에서 진료, 교육, 연구를 다한다. 극히 일부의 교수는 진료를 전담하기도 하지만 대개는 세 가지를 다 해야 훌륭한 의사라고 박수를 받을 수 있다. 이 세 가지를 다 하다 보니 어느 하나에 집중하기 어려운 것이다. 충분히 완치될 수 있는 환자들이 자연치료에 의지하다 생명을 잃는 걸 보면 매우 안타깝다. 우리가 좀 더 적극적인 방법으로 치료했더라면 살릴 수도 있었을 텐데, 하는 생각이 드는 것도 그 때문이지 자연치료에 대한 불신 때문은 아니다.

나는 필요에 의해서 연구를 한 것이지 오로지 연구를 하기 위한 연구는 하지 않았다. 환자 치료에 꼭 필요한 연구라고 생각되면 새로운 치료법 개발에 도전했다. 세포를 이용한 치료법 또한 그렇게 시작한 것이다. 방법이라는 것은 내가 만들고 찾는 것이지 이미 누군가 만든 방법은 한계일 뿐이다.

살에 예민한 의사들

우리나라 사람들은 유난히 외모를 중요시 한다.

스펙만큼이나 중요한 것이 외모이다 보니 성형왕국이라는 불명예스런 소리도 듣는다. 얼굴만 그런 것이 아니다. 살과의 전쟁은 정상체중인 사람들까지 다이어트 열풍으로 몰아간다. 여고생들 열 명 중 한두 명만 빼고 모두 자신이 과체중이라고 생각한다고 하니 큰 문제가 아닐 수 없다. 맛집 열풍은 갈수록 늘어나는데 한쪽에선 비만과의 전쟁이라니 이런 아이러니가 어디 있겠는가. 물론 비만이 건강에 좋을 수는 없다. 비만이 건강의 적이라고 떠드는 사람들 얘기도 틀린 소리는 아니다. 비만으로 인해 생기는 여러 질병을 생각한다면 당장 살부터 빼야 될 일이지만 우리 몸은 그렇게 단순하게 만들어지지 않았다. 『우리 몸 아틀라스』라는 어린이 그림책의 저자는 '우리는 모두 다르게 생겼기 때문에 나만의 삶의 살 수 있다.' 라고 한다. 각자 다르게 생겼으니 다른 누구처럼 살려고 하지 말고 너만의 인생을 살아라? 뭐 그런 뜻이다. 생물학자가 쓴 아이들 그림책인데 묵직한 주제를 담고 있어 어른이 봐도 재밌다.

내가 하고 싶은 얘기는 그림책의 저자 말처럼 사람의 인체는 각자 생긴 모양과 특성이 다르기 때문에 무조건적인 다이어트는 조심해야 한다. 많은 환자들을 치료한 내과 의사 경험으로 보자면 그래도 살집이 있는 환자가 완충하는 힘과 지구력이 좋아 그런지 잘 버티고 회복력도 빨랐다. 여러 설들이 있을 테지만 내과적 중환자들의 경우는 마른 환자보다 살집이 있는 환자들이 사는 경우가 많았다는 것이다. 살을 비만과 일치시켜 무조건 없애버려야 하는 것으로 알고 있다면 잘못된 생각이다. 사방에서 고기보다 식물성 위주의 식사를 해야 오래 산다고 떠들고, 날씬한 외모를 만들라고 부추기다 보니 너도나도 자신의 몸이 그들과 다르다는 생각은 미처 하지 못한다.

그놈의 다이어트 때문에 받는 스트레스로 또 다른 질병에 걸린 환자들을 보면 현대의학의 놀라운 발전에 박수를 보낼 수만은 없다. 약물과 성형으로 살을 빼는 것은 심각한 부작용이 따를 수밖에 없다. 솔직히 의사와 제약회사 배만 불리는 꼴이다. 날씬한 사람이 더 오래 살고 뚱뚱한 사람이 더 빨리 죽는다는 통계도 믿을 수 없다. 그 역시 통계의 함정인지 제약회사의 함정인지 누가 알겠는가. 의사들 사이에 '베드사이드 설레발' 이라는 말이 있다. 아픈 환자 옆에서 입으로만 나불거리며 먹고 산다는 뜻으로 눈치 없는 내가 동료의사들한테 잘 써먹었던 말이다. 고혈압 환자한테도 고기 먹지 말라, 살부터 빼라 말하고, 당뇨병 환자한테도 똑같은 말을 하며 약을 한보따리 처방해 준다. 의사의 양심에 대해 말하려는 것이 아니다. 의사는 의사로서의 의무와 책임이 있으니 환자에 대한 처방과 치료를 하는 것이 당연하다. 살을 모두 부정하지 말라는 뜻이다. 자신의 몸은 스스로가 가장 잘 알고 있다. 무엇이 약하고 무엇이 필요한지 정확하게 아는 것이 중요하다. 날씬한 게 중요한 것이 아니라 내 몸을 건강하게 유지하는 것이 남과 다른 나를 사랑하게 되는 가장 중요한 일임을 잊지 말았으면 한다.

비타민과 철분제는 가격과 비례하지 않는다

혈액환자 중에는 암 질환 말고도 다양한 질환의 환자들이 있다.

가장 흔한 질환이 빈혈이고 그중에서도 철 결핍성 빈혈이 대다수다. 20대 정도의 젊은 여성 60%가 철분이 부족한 상태이고 이 중 절반 정도가 빈혈이 있다. 일반 병원에서 가장 많은 빈혈의 원인도 철 결핍성 빈혈이고, 대규모 병원의 입원 환자들 중에는 만성 질환에 의한 빈혈이 가장 많다. 일반인들이 알고 있는 빈혈의 증상은 앉았다 일어날 때 하늘이 노랗게 보일 정도로 어지럽다. 그러나 이런 증상은 기립성 저혈압으로 갑자기 일어날 때 다리 쪽의 혈관에 몰려 있던 혈액이 뇌로 가는 양이 부족해서 생기는 것이다. 대부분 어린아이들이나 가임기 여성들에게서 나타나는데 혈관의 탄력이 좋아 다리 쪽에 피가 모여서 생긴다. 물론 빈혈이 있으면 증상은 더 심할 수 있다. 이런 기립성 저혈압은 쪼그리고 앉아 일하는 것을 피하고 앉아 있는 동안 다리를 쭉 폈다 오므렸다 세 번 정도 반복하면 예방할 수 있다.

인체 혈압을 조절하는 가장 중요한 혈관들은 다리에 있는 혈관들이다. 왜냐하면 다리의 근육량이 제일 많기 때문이다. 요즘 성인 또는 노인성 질환의 예방에도 다리 근육량을 유지하는 것이 강조되는 것도 같은 이유이다.

다시 철 결핍에 대해 이야기 하면 여자들은 성장하면서 생리를 시작한다. 이미 우리 사회도 초경이 선진국만큼 빨라졌다. 생리 시 잃어버리는 혈액의 성분 중 중금속에 해당하는 철분이 있는데, 이것은 인체가 일정량의 철분을 흡수하거나 체외로 내보기 때문이다. 이처럼 주기적인 철분 손실을 먹는 철분으로 보충하지 않으면 필연적으로 철 결핍성 빈혈이 온다. 한 가지 더 이 시기에 여자들은 급격한 성장을 하게 된다. 즉 혈액양이 늘기 때문에 철분이 더 필요하다.

요즘은 많이 달라졌지만, 고기 먹으면 살찐다는 속설 때문에 젊은 여자들이 고기를 잘 안 먹으려 했다. 필연적으로 철 부족 빈혈이 올 수밖에 없다. 고기는 단백질로 되어있어 살이 찌지 않는다. 비만의 원인은 대부분 탄수화물 섭취 때문이다. 밥이나 밀가루 같은 음식을 먹으면 남는 열량의 탄수화물은 글라이코겐으로 변화되어 지방으로 저장되는 반면 단백질은 체내에 흡수되고 나머지는 모두 배설된다. 고기에 있는 지방이 문제인데 다량의 지방을 함유한 고기를 먹지 않는다면 걱정할 필요 없다.

소아과 연령을 넘은 어린 환자부터 생리 중인 모든 여성이 철 결핍성 빈혈로 외래에 방문하는데, 어렵지 않게 빈혈의 종류를 진단할 수 있다. 빈혈에 동반되는 흔한 증상은 손톱의 변화로 잘 부서지거나 역으로 뒤집히는 현상이 생긴다. 우리나라에서는 희귀성 빈혈이 적어 간단한 혈액검사로도 확진이 가능하다. 체내 철분 창고를 충분히 채울 정도로 철분제를 복용해야 한다. 최소 3~6개월 동안 복용해야하며 생리 양이 많은 환자들은 지속적으로 복용할 필요가 있다. 또한 생리 양이 지나치게 많을 경우에는 다른 원인을 찾아봐야 한다.

일반인들은 보통 여러 가지 경로를 통하여 효과 좋은 철분제를 권유 받는다. 위장 장애 같은 부작용이 없고 흡수율이 좋다는 약들이다. 그러나 혈액내과에서 오랫동안 연구한 결과 체형의 차이로 인한 부작용이나 흡수율은 큰 차이가 없었다. 복용하는 철분제의 절대 철분양이 중요하고 철분을 충분히 함유하고 있는 약을 먹어야 한다. 내 경험으로 철분제의 종류는 다양하고 값도 크게는 수 십 배까지 차이가 났다. 그 효과의 차이는 미미한 수준이며 철분제의 가격도 효과와 비례하지는 않는다. 이는 비타민제제도 마찬가지이다. 아이러니하게도 헤모티콘이라는 아주 좋은 철분제가 얼마 전까지 있었으나 값이 너무 싸서 생산이 중단된 사례가 있다. 철분제는 의사의 처방에 따라 복용하는 것이 중요하다. 일단 철분제를 복용하면 하루나 이틀 사이에 기분이 좋아지고 힘이 생기며 일주일 정도 지나면 혈액이 증가하기 시작한다. 보통 1개월 이상 복용하면 혈액의 양은 정상화되지만 2~3개월 더 복용하여 창고를 채워야한다.

아주 드물지만 철분제를 복용하지 못할 정도로 위장장애가 심한 환자들이 있다. 이 경우 계산을 통하여 필요한 철의 전체 분량을 한 번에 또는 수차례에 나눠 정맥 주사할 수 있는 약이 있다. 과거에는 부작용이 심해 잘 사용하지 않았으나 요즘은 좋은 약들이 개발되어 큰 부작용 없이 투여 받을 수 있다. 이 역시 의사의 전문적인 판단에 따라 투여받아야 한다.

패혈증 환자의 절규

아침 회진을 돌던 중
유병무 교수를 만났다.
중환자실에 감염성 장염으로 진단한 환자가
급속한 패혈증 증세를 보인다고 했다. 조개류를
잘못 먹어 생긴 패혈증이었다. 유 교수를 따라
급하게 중환자실로 가 환자 상태를 확인했다. 고열과 신경학적 증
상들이 나타났고 여러 혈액학적 수치는 급속한 패혈증 증세를 보이
는데 혈액응고 검사는 정상이었다. 혈액 검사 시에 보낸 혈액 도말
표본을 준비시켜 현미경으로 관찰을 했다. 혈구들이 부서지고 있는
특징적인 소견을 보였다. TTPthrombotic thrombocytopenic purpura로 판단
되었고 원인은 E. coli O157균에 의한 것으로 생각되었다. 당시에

는 치료적 혈액분반술이 혈액내과 담당이어서 즉시 혈장 교환술을 실시했다. 환자는 급속한 호전을 보였다. 의식도 돌아오고 혈액 수치도 호전되기 시작했다. 그런데 이런 상태가 수 개월간 지속되는 것이 문제였다. 혈장 교환술을 줄이면 병세가 다시 급속히 악화되는 것이었다.

환자는 초기 혈전 현상으로 모든 손가락과 발가락 끝이 괴사되어 까맣게 말라갔다. 이러한 현상이 6개월 이상 계속되다 보니 의사와 환자 모두 힘들기는 마찬가지였다. 환자는 이십 대 후반의 젊은 부인이었는데 남편이 온갖 정성으로 간병을 했다. 병세가 호전과 악화를 반복하자 의사에 대한 보호자의 믿음이 깨지기 시작했다. 왜 이런 일이 지속되는 것인지, 의사들은 정확히 문제를 해결하고 있는 것인지를 의심하며 처음 담당 의사였던 유 교수를 찾아가 원망을 드러냈다. 진료비가 기하급수적으로 증가해 살던 전셋집까지 내놓았다고 했다. 아침 회진 시 보호자를 만나는 일이 편치 않았다. 보호자가 마치 오늘은 어떤 변명을 늘어놓을까 의심의 눈초리로 지켜보는 것 같아 불편했다. 그렇게 또 얼마의 시간이 지났다. 그동안 나는 환자의 사례와 비슷한 경우를 찾아보며 치료에 온 신경을 기울였다. 해를 넘긴 어느 날 환자가 마침내 완만하지만 견고한 호전을 보이기 시작했다. 비로소 환자와 보호자를 똑바로 볼 수가 있었다. 모든 책임이 의사한테 있는 것은 아니지만 의사만 믿고 있는 환자 상태가 호전을 보이지 않으면 의사도 환자 이상으로 괴롭다. 아무리 많은 치료사례와 성공률이 높은 질병이라 하더라도 환자 모두에게 적용되는 것은 아니다.

그러나 안타깝게도 환자는 괴사된 손가락과 발가락을 절단해야만 했다. 죽음의 문턱까지 갔다 왔으니 까짓 손가락쯤이야 할 수도 있지만 환자와 의사 모두 어려운 결단이었다. 정형외과에 연락하여 괴사된 손가락과 발가락을 절단하도록 요청했다. 정형외과 교수는 열개 중 한 개만 살릴 수 있을 것 같다고 했다. 수술은 두 번에 걸쳐 시행되었다. 전셋집까지 내놓고 치료한 결과가 손가락 하나라며 보호자는 절규했다. 의사와 환자 최선의 선택이고 최선을 다한 노력이었지만 퇴원하는 부부의 뒷모습을 보니 마음이 무거웠다. 병이 완치되어 밝은 얼굴로 퇴원하는 환자를 보면 의사도 좋지만 원망 가득한 뒷모습으로 병원을 나가는 환자를 보면 회의가 느껴진다.

병은 일상의 작고 사소한 것에서 발생한다. 이정도면 괜찮겠지 하는 것들이 큰 문제를 만들어 우리 생명을 위협한다. 늘 사 먹던 조갯살이 손가락과 발가락을 빼앗아갈 줄은 환자도 아마 상상하지 못했을 것이다. 모기 한 마리가 전염병을 일으켜 수백만 명의 생명을 잃게도 한다. 발전하는 사회 이상으로 질병의 변이 또한 인간의 과학을 추격한다. 조심하고 예방하지 않으면 언제 환자와 같은 경우를 당할지 모른다. 생명을 지키려면 어쩔 수 없다.

그래도 일인 3역은 너무 힘들다

친구와 저녁을 먹은 뒤 바로 헤어지기 서운해 맥주 한 잔하려고 골목을 어슬렁거릴 때였다.

병원에서 응급 콜이 왔다. 소화기내과 병동의 간호사가 떨리는 목소리로 박준성 교수가 나를 찾는다고 했다. 응급 콜이야 심심치 않게 오는 경우라 크게 놀랄 일은 아닌데, 박 교수가 날 찾는다고 하니 뭔가 불안했다. 박 교수는 낮에 담낭 결석으로 검사를 위해 입원 중이었다. 간호사 얘기는 박 교수가 심한 통증을 호소하며 점점 의식을 잃어가고 있다고 했다.

즉시 택시를 타고 달려갔다. 택시 안에서 전공의들을 소집시켜 놓은 뒤 내가 조금이라도 빨리 갈 수 있도록 병원 경비실에 연락해

엘리베이터를 잡아놓으라고 했다. 한 시가 급한 상황이었다. 택시에서 뛰쳐나온 나는 전력 질주해 엘리베이터를 타고 박 교수가 있는 병동으로 달려갔다. 간호사 말대로 박 교수는 고통이 심한 듯 눕지도 못한 채 페인쇼크Pain Shock상태로 있었다. 갑자기 담석에 의한 급성 췌장염이 온 것 같았다.

지체할 시간이 없었다. 유병무 교수에게 전화를 했더니 다행히 그가 연구실에서 전화를 받았다. 그에게 박 교수의 담석 제거를 부탁했더니 절차상의 어려움은 있지만 담당 직원들을 호출해 놓을 테니 빨리 박 교수를 ERCP실로 보내라고 했다. 당시 나는 의사가 아닌 박 교수의 보호자 입장이었다. 그가 고통을 호소하며 의식을 잃어가는 걸 보니 눈앞이 캄캄했다. 의사일 때는 냉정함을 잃지 않았는데 나를 형이라고 부르는 박 교수가 아픈걸 보니 감정이 달라졌다.

잘못될 일은 없지만 그래도 사람이 하는 일이라 마음을 놓을 수는 없었다. 복부 CT 촬영 결과 급성 췌장염으로 부어 있기는 했으나 최악의 상황은 아니라고 했다. 전공의들을 재촉하여 박 교수의 수술준비를 시켰다. 너희들 잘못하면 준성이 목숨이 위태로울 수 있으니 최선을 다하라는 엄포 아닌 엄포를 하고 나는 수술실 밖으로 나왔다. 잘 될거라고 생각하는데도 영 마음이 진정되지 않았다. 수술은 유 교수가 맡았다. 나는 박 교수가 ERCP실로 들어가는 것을 확인한 뒤 병원을 빠져나와 택시를 타고 박 교수 집으로 갔다.

박 교수의 아내를 데려와야 했다. 보호자가 흥분하면 위험할 수 있기 때문에 조심할 필요가 있었다. 박 교수 아내 역시 많이 놀라는 눈치였다. 담석을 제거하기 위해서 입원했던 남편이 급성 췌장염으로 갑자기 수술을 받고 있다고 하니 놀라지 않을 수 없었을 것이다. 병원에 도착했을 때 박 교수는 유 교수의 성공적인 수술로 검사대 위에서 편하게 잠들어 있었다. 다시 한 번 삶과 죽음의 경계를 확인하는 기분이었다. 그에게 만일 좋지 않은 일이 생겼다면 죽을 때까지 박 교수에 대해 미안함을 가지고 살아야 했을 것이다.

박 교수에 대한 애틋함은 또 있다. 내가 병원을 그만두고 얼마 지나지 않았을 때의 일이다. 요양병원에 입원하고 계시던 아버님이 급성 폐렴증세를 보여 아주대병원에 입원하였다. 급성 호흡부전으로 기관 삽관술을 한 뒤 중환자실로 옮겼는데, 같은 시기에 박 교수의 아버지도 담석에 의한 급성 췌장염으로 중환자실에 입원해 있었다. 그때 박 교수는 자기가 두 아버님을 잘 치료할 것이니 형은 걱정하지 말라고 했다. 중환자실 보호자들은 비상 대기해야 하는 입장이라 여간 고되지 않다. 나 역시 아버지가 어떻게 될지 몰라서 틈틈이 중환자실을 찾아갔다. 보호자와 의사노릇을 하고 있는 내 꼴이 말이 아니었던 듯 박 교수가 형은 가서 쉬라고 했다. 아버지는 자신한테 맡기고 형은 사업이나 챙기라고. 그 말을 들으니 고마워서 순간 먹먹했다. 말 한마디가 그렇게 따뜻하게 느껴질 수가 없었다. 박 교수의 지극한 간호와 치료 덕분에 내 아버님과 박 교수의 아버님 모두 무사히 건강하게 퇴원할 수 있었다.

서로 돕고 기대지 않으면 살 수 없는 것이 사람이다. 그래서 역할이 많다는 것은 자신을 필요로 하는 사람들이 많다는 뜻이기도 하다.

장담할 수 없는 최선이 늘 안타깝다

현재 줄기세포를 사용
하여 치료하는 방법 중
가장 많이 사용되는 것
이 골수이식이다.

나 역시 환자를 치료할 때 가장 많이 사용한
것이 골수이식이라 기억에 남은 환자와 치료사
례를 빼놓을 수 없다. 의사 입장에서는 성공적
인 치료사례만 들먹이는 것이 유리하겠지만 실패 또한 치료과정의
하나라 짚고 넘어가지 않을 수 없다. 그것은 다시 실패를 반복하지
않기 위한 의사의 자존심이기도 하지만 또 다른 생명을 지키기 위
한 결의 같은 것이다.

어느 날, 30대 후반의 남자 환자가 응급실로 전원되어 왔다. 환
자는 복부에 큰 종양이 있었다. 의학적 검사와 영상 검사상 악성림

프종으로 판단되어 입원했다. 경부림프절 조직검사상 악성림프종 중 흔한 형태인 미만성 림프종이었다. 림프종은 비장과 위를 침범하여 매우 큰 종괴를 형성하고 있었다. 악성림프종은 초기항암요법에 대한 반응이 빨라 급격히 종괴가 위축되면서 합병증을 유발할 수 있다. 이 환자의 경우 위장 출혈이 주요 예상 합병증이었다. 그러나 합병증을 막을 효과적인 방법이 없었고 1~2주일만 항암요법을 늦춰도 생명이 위태로워질 수 있었다. 환자와 보호자에게 충분히 설명한 후 즉시 항암요법을 실시했다. 다행히 항암요법 후 발열의 감소와 전신상태의 호전이 보였다. 해서 1차 항암치료를 끝내고 2차 항암치료를 했다.

최선의 치료라고 생각했는데, 12월 31일 저녁 10시경 응급 전화가 걸려왔다. 그 환자가 갑자기 대량 위출혈을 일으켰다는 것이다. 자려고 누웠다가 헐레벌떡 병원으로 달려갔다. 환자는 대량 위출혈로 쇼크 상태였고 전공의들이 응급 수혈을 하고 있었다. 당직 외과교수를 확인하니 조용관 교수였다. 조용관 교수에게 전화를 걸어 환자 상태를 설명하고 응급 수술을 요청했다. 즉시 출발해 병원으로 갈 테니 환자를 수술 방으로 보내 준비시키라고 했다.

수술 후의 환자들에 대해서는 신도 장담할 수 없는 부분이 있지만 호전을 보이던 환자가 출혈로 쇼크 상태에 빠진 걸 보니 모든 것이 내 책임인 것만 같았다. 치료과정에서 얼마든지 일어날 수 있는 일들인데도 보이지 않는 어떤 힘에 내가 당한 것 같아 맥이 풀렸다. 수혈을 계속하며 환자를 수술 방으로 데리고 갔다. 환자는 의식이 없었고 혈압은 30mmHg 정도에서 약하게 잡혔다. 조용관 교수가 수술을 시작했다. 마취과에서는 이미 의식이 없고 혈압이 낮아 마취를 걸 필요가 없다고, 산소만 공급하며 기관 삽관을 했다.

　조교수는 복부 절개를 하고 위를 열어 수술 부위를 확인했다. 비장으로부터 위로 큰 구멍이 열려있어 출혈이 계속되었던 것이라고 조용히 말했다. 이런 경우 통상적인 수술 방법으로는 환자를 살릴 수 없으니 신속히 암이 침범한 부위를 결찰하고 제거해야 한다고 했다. 수술용 집게로 위와 대장을 결찰하고 오른손을 비장 뒤쪽으로 넣어 혈관들을 한 번에 뜯어냈다. 그리고 단숨에 위와 대장을 제거했다. 그러자 혈압이 오르기 시작했고, 대기하고 있던 마취의가 마취를 했다. 수술 시작 5분 만에 빠르게 결단한 수술이었다.

　이제 꼼꼼히 출혈 부위를 확인하고 제거된 장을 서로 연결하는 수술을 다시 해야 했다. 수술 내용은 위 전절제술, 비장 절제술, 횡행결장 제거술이었다. 위급 상황이라 다른 생각할 겨를도 없었지만 조 교수와 맞춘 수술 방에서의 호흡은 꺼져가는 생명의 불씨를 살리기 위한 숭고한 중창이었다. 한 해의 끝과 한 해의 시작을 수술 방에서 보낸 셈이었다. 그래도 뿌듯했다. 그런 보람 때문에 의사노릇 한다고 하면 대개는 믿지 않지만 실제로 그럴 때가 많다.

그렇게 힘들게 회복시킨 환자는 끝내 사망하고 말았다. 여섯 차례의 항암치료를 받은 후 재발 억제 요법으로 고용량 항암치료와 자가 골수이식을 했다. 통상적으로 림프종의 재발 억제 목적의 골수이식은 위험성이 높지 않기 때문이다. 그러나 이 환자는 회복과정에서 백혈구가 미처 회복되기 전 심한 패혈증이 발병하여 사망했다. 이러한 패혈증이 올 가능성이 높다는 것을 예상하고 대처했어야 했다는 아쉬움을 지울 수 없다. 보호자의 원망이 아직도 생생하다. 가족의 죽음 앞에서 누구인들 원망의 목소리를 높이지 않을 수 있겠는가. 그보다 다시 나에게 이런 상황이 닥친다면 이식을 안 하고 관찰하거나 이식 중 적절한 대처로 패혈증을 막았을까? 응급 수술시 좌측 하행 결장을 미리 제거하였을까? 그 무엇도 장담할 수 없다. 또 다른 최선이 있을 뿐이다.

변화는 새로운
동력을 만든다

Chapter.7

수지상세포연구회 발족

새천년이 시작되던
2000년 겨울이었다.

국내연구자 및 임상의사들 사이에서 항암면역치료와 관련하여 수지상세포에 대한 관심이 높아지고 있었다. 국립암센터 임상병리 과장이던 이영준 박사가 그해 12월에 DC 심포지엄을 개최하면서, 강연자로 참석하였던 성영철 교수(포항공대)의 제안을 시작으로 수지상세포연구회의 발족을 의논하게 되었다.

나와 이영준 박사, 당시 생명공학연구소 임종석 박사(現 숙명여대 교수) 그리고 삼성서울병원의 이현아 박사(現 파미셀(주) 연구소장) 네 명이 먼저 뜻을 모았고, 배용수 교수(現 성균관대 교수)를 초대 회장으로 영입하여, 각자 연구회 발족을 위한 작업을 분담하여 진행했다.

나는 홈페이지 제작과 관리 및 회원 모집과 관련된 제반 행정 업무를 담당하기로 했고, 연구회의 창립총회 및 학술대회의 주최자가 되어 봉사했다. 드디어 2001년 4월 20일 내가 근무하던 아주대의대 강당에서 '한국수지상세포연구회'의 창립총회 겸 국제 학술대회 DC 심포지움을 개최하게 되었고, 약 100여 명의 참석자와 일본 연구자가 연자로 참석하여 성공적인 모임을 끝냈다.

창립총회에서 나는 연구회의 재무위원으로 선출되었는데, 모든 운영위원들이 서로 마음이 잘 맞고 긍정적으로 일을 진행해 참 즐겁게 연구회 활동을 시작했다.

매년 총회와 학술대회 및 교육 연수강좌를 개최하고, 과학재단으로부터 국가 지원연구회로 선정되는 등 활발한 활동을 했다. 내가 회사를 창립하며 연구회 운영진에서 사퇴한 후에도 계속적으로 양과 질의 발전을 보이고 있어 새삼 뿌듯한 마음이다.

2012년에는 전 세계 수지상세포 및 면역학을 연구하는 과학자들이 1,000여 명 모이는 국제 학술대회를 국내에 유치하여 성공시킬 정도로 이제는 국내 수지상세포연구회의 저력이 탄탄해져 자랑스러움을 느낀다. 하지만 점차 기초 면역학적 연구에 집중이 되면서 실제 환자를 위한 임상 분야에 대한 관심과, 연구 인프라가 많이 감소된 것 같아 처음 연구회를 시작할 때 우리의 목적 또는 꿈이 흐려진 면에서는 아쉬운 마음이다. 다시 한 번 수지상세포를 이용한 임상연구에 대한 관심을 일으키기 위해 2016년부터 회사가 '파미셀 임상연구자상'을 제정하여 지원하고 있다.

파미셀 설립과 의사에서 CEO로

무슨 일이든 혼자 해 낼 수는 없다.

아무리 한 분야의 전문가라고 해도 함께하는 동료와 선후배 없이는 성장하기 어렵다. 아주대 병원은 내가 혈액종양내과의로 크게 성장할 수 있게 해준 곳이다. 많은 암환자들에게 줄기세포를 이용한 골수이식이라는 새로운 치료법으로 삶의 희망을 주기도 했다. 군의관 시절부터 연구실에 틀어박혀 치료법을 개발하기까지 열심히 달렸다고 생각한다. 그러나 보편적이고 순리적이지 못한 내 성격 탓에 누군가에게는 상처를 주었고 또 누군가로부터는 상처를 받기도 했다. 의협심도 아니고 정의감도 아니었다면 내 부족한 소양 탓이었을 것이다. 그래서 그만 병원을 나가 나를 위해 일하기로 결정했는데, 내 그런 결정이 또 다시 욕심으로 비춰졌다. 함께해 온 연구원들 입장에서는 성과를 낸 연구들이 김현수의 자산으로 구분되는 것을 용납하지 않았다.

내가 끌어들인 바이오벤처 연구소가 아주대학교에 있었는데, 파트너가 되어 줄기세포 연구를 해나가기로 한 회사에서도 약속한 투자금을 거절했다. 당시 자본금 10억 원을 모아 회사를 차리기로 했는데 한 푼도 투자를 못하겠다고 했다. 난감했지만 나는 포기하지 않았다. 어떻게 해서든지 회사를 만들어 독립하고 싶었다. 당시 임상과장으로 있던 교수가 내게 "김현수라고 이름 붙은 것은 다 가져가라."라고 했다. 나 혼자는 해내지 못할 거라고 생각했을지도 모른다. 하지만 나는 나를 믿고 함께 따라와 준 연구원들과 잘 해냈고, 2002년 5월에 파미셀 주식회사를 설립했다. 당시 식약청이 2001년 12월, '살아 있는 세포도 의약품'이라고 세포치료제에 대해 규정을 공표했다. 그것은 미래의 큰 사업으로 정부에서도 관리하겠다는 뜻이었다. 규정을 고시한 후 6개월 뒤부터 규정이 발효되었다. 나는 파미셀이라는 이름으로 열심히 줄기세포치료제를 개발해 널리 알리는데 신경을 썼다. 아는 신경외과 병원에도 공급을 했고, 파미셀의 세포 치료제 효과가 좋다는 홍보도 적극적으로 언론에 보도했다. 그런데 식약청이 발끈했다.

하루는 식약청 직원들이 오더니 알 만한 사람이 규정을 위반했다며 실사를 시작하는 것이었다. 6개월간 동안은 규정으로부터 안전하다고 알고 있었는데, 그중 어떤 것들은 발효되는 시점의 경계를 넘어 버린 것들도 있었다. 거기까지는 미처 생각지 못했던 터라 식약청의 문제 제기를 받아들일 수밖에 없었다.

보건복지부와 질병관리본부만 상대하다가 규정에 철저한 식약청을 상대하려니 답답했다. 제약회사에 다니는 동창에게 부탁해서 알아보니 줄기세포치료를 식약청이 관리할 계획이라고 했다. 그러면서 2년 전에 복지부에서 연구비로 1억까지 받았는데 지나치게 깐깐한 것 아니냐며 대충 알아서 하라는 투로 웃었다.

친구의 말끝을 곰곰이 생각해보니 내가 또 누군가의 미움을 사고 있다는 생각이 들어 씁쓸해졌다. 결국 나는 검찰에서 약사법 위반으로 고소를 당했다. 경찰서에 가보니 식약청에서 약사법 몇 조 몇 항을 위반했다는 한 뭉치의 고소장이 책상 위에 놓여 있었다. 이상한 것은 고소장 겉장에 다음과 같이 쓰여 있었다.

"본 회사는 차세대 성장 동력을 창출하고 기여한 바 크다… 선처 바란다."

그걸 보니 왠지 고소한 사람과 선처를 바라는 사람이 동일인이라는 생각이 들었다. 경찰도 식약청에서 민원을 받은 이상 조사를 안 할 수가 없다고 했다. 다행히 행정적인 절차로 마무리 되었지만 하

마터면 불명예스런 일이 생길 뻔했다.

　나중에 알고 보니 내게 고소장을 날린 직원은 식약청 고위간부가 되어 있었다. 지금은 허심탄회한 사이가 되었지만 그때는 잘 나가다 복병을 만난 것 같아 한동안 힘들었다. 그러니까 무슨 일을 하든지 털어도 먼지 나지 않도록 정확하고 꼼꼼하게 해야 한다.

두 마리 토끼를 잡기 위한 전략적 미래

웬만한 질병은 다 치료 할 수 있다고 믿었다.

회사를 막 시작했을 때는 줄기세포로 무슨 병이든 다 치료할 것이라고 장밋빛 미래에 젖어 있었다. 줄기세포의 가능성은 무궁무진했으며 활용범위도 넓어 불가능한 일도 아니었다. 가능한 일이지만 제약회사 대표 입장이라면 달랐다. 결코 쉽지 않은 일이라는 걸 뒤늦게 알았다. 기업이라는 형태를 갖춘 순간부터 내 욕망이 얼마나 단순하고 순진했는지 온 사방에서 펀치를 날리며 알려왔다. 국민의 안전과 법이라는 테두리를 지켜야 하는 일이 얼마나 복잡하고 힘겨운 일인지 알게 되었고, 회사도 자동차처럼 기름이 없으면 굴러가지 않는다는 사실을 새삼 깨달아야 했다.

질병 하나를 치료하기 위한 의약품을 개발해 정식으로 허가 받고 상용화하기까지는 수백억 원의 비용이 들어간다. 의사와 환자 두 마리 토끼를 잡아야 하는 입장에서 처음부터 그 많은 비용을 감당하며 의약품을 개발하기는 쉽지 않았다. 때문에 의사를 대상으로 교육과 강의를 하고 연구자들을 지원해 주는 일이 우선이었다.

대상 환자 한 명당 3~4천만 원 정도 드는 간경화, 중추신경계 질환, 발기부전 같은 임상시험은 돈을 버는 게 목적이 아니라 의사들에게 줄기세포치료법을 경험하게 하기 위한 홍보수단이라고 할 수 있다. 임상시험을 통해 의사들에게 많이 써 보게 하고, 줄기세포치료 효과도 보여주기 위함이다. 임상시험은 식약청의 허가를 받아하는데 환자나 병원에서 부담 하는 것이 아니라 기업이 부담한다. 임상실험 중 부득이하게 환자가 사망하는 경우도 있지만 아직까지 우리 제품 중에 그런 경우는 없었다. 자신의 줄기세포를 사용하기 때문에 위험하지는 않지만 그래도 최선의 안전을 위해서는 꾸준한 임상시험으로 안전성을 확인해야 한다.

무엇보다 중요한 것은 줄기세포치료제가 아무리 뛰어나다고 해도 가격이 비싸면 일반화되기가 어렵다. 정부에서도 자국이 개발한 신약에 대해 혜택을 주자는 의견이 많아 건강보험심사평가원에서 논의 중이다. 한편으로는 보험을 적용시킨 다음 수요가 급증할 경우 가격을 낮출 수도 있다. 보험이 적용되면 환자들은 좋지만 기업 입장에서는 그만큼의 비용부담을 감수해야 하기 때문에 적정 수준의 보험 수가를 유지하는 것이 매우 중요하다.

미국은 매년 허가 받은 약값을 조금씩 올린다. 인건비와 인플레를 생각해 가격을 책정하는 것이다. 당연히 의료비가 비싸고 공적인 건강보험이 없다보니 환자들 입장에서는 병원가기가 두렵다고 한다. 우리나라의 경우는 다르다. 기업이 돈을 벌면 갈수록 약값을 낮추어야 하는 구조다. 또한 국민건강보험이 있고 의료수준 또한 높아서 궁극적으로는 국민들에게 혜택이 돌아간다. 줄기세포치료제가 일반화되어 보험이 적용될 경우 기업이 성장하는 것은 당연할 테지만 모두를 위한 상생차원의 정책이 아니라면 의료시장 성장이 둔해질 수밖에 없다.

줄기세포치료제 생산은 현재 성남 공장에서 하고 있다. 다량으로 만들어 재고를 쌓아 놓고 관리할 수 있는 것이 아니기 때문에 공급은 수요에 맞춰 바로 치료에 활용된다.

의약품을 생산하려면 정부에서 정한 기준과 규격을 따라야 하기 때문에 일 년에 10개만 생산한다고 해도 직원 40여 명이 풀로 일해야 한다. 앞으로는 줄기세포를 다양한 각도로 활용할 계획이지만, 현재에는 줄기세포 자체만 의약품화했다.

연구는 5번 실험 중에 1~2번만 성공을 해도 논문을 쓸 수 있지만 제약은 다르다. 항상 살아있는 상태로 배양을 해서 환자에게 써야 하기 때문에 품질과 효과가 항상 똑같아야 한다. 마치 모나리자의 미소를 보고 느끼는 감정이 모두 같아야 하는 것처럼 치료제의 품질과 효과가 매번 같아야 한다는 스트레스를 배제할 수 없다. 현재 파미셀의 줄기세포치료제는 심장질환, 뇌질환(파킨슨 증후군, 뇌출혈, 뇌경색), 간질환(국내에서 주요 사망원인으로 꼽히는 간경변)의 안전성 및 유효성 평가를 마치고 여러 병원에 판매되어 쓰이고 있다.

전문의약품에 속하는 줄기세포치료제는 일반인에게 광고할 수 없어 아직은 고민 중이다. 심포지엄이 회사를 알리기 위한 가장 좋은 방법이라 매년 자리를 만들고 있는데 다행히 반응이 뜨겁다. 줄기세포를 연구하는 학자들과 연구원, 기업들이 함께해 줄기세포의 성장과 미래를 토론하는 자리다. 물론 우리 회사의 연구를 중심으로 이루어지긴 하지만 줄기세포에 관심 있는 참석자들에게는 큰 도움이 되고 있다. 지금까지는 국내 관련자들만의 심포지엄으로 끝났지만 앞으로는 국내외로 크게 확장해 우리가 줄기세포의 메카로 자리잡을 수 있도록 노력해 나아갈 것이다.

투자개방형병원의 미래지향적 비전과 약속

파미셀이 병원을 소유
할 수 없어 별도의 병
원을 만들었다.

우리나라는 의사가 개인병원을 만들어 수익
을 창출하는 것은 되지만 외부에서 투자를 받아
설립한 후 투자자에게 수익금을 돌려주는 기업
형 영리병원은 의료법상 만들 수가 없다. 최근에 경제자유구역 내
에 요건을 갖춘 주식회사 병원, 즉 투자개방형 병원을 허용하기로
논의가 되었지만 복지부를 거쳐 지자체의 허가까지 나려면 갈 길이
멀다. 별도의 병원을 만든 것도 그런 이유이다.

정부가 의료보험을 관리하는 강력한 툴이 있고 보험료가 원가 대
비 70~80%나 된다. 의료수가가 그렇게 정해져 있으며 모든 의료

기관이 의료보험에 가입하도록 되어 있다. 전 세계가 바이오 헬스케어 시장이 차세대 먹거리라 주목해 뛰어들고 있는 현 상황에서 헬스케어 시장의 꽃은 당연히 병원이 주도적인 역할을 할 것이 틀림없다. 특히 우리나라 의료수준은 매우 높아 그 가능성이 밝다고 할 수 있다. 어느 기업도 사회공헌 차원으로만 생명재단이나 복지재단을 만들기는 어렵다. 결국 기업의 상업적 이윤이 자연스럽게 사회로 환원될 수 있는 환경이 만들어져야만 의료시장의 전망을 기대할 수 있다는 이야기다.

태국을 비롯해 싱가포르나 미국 등은 이미 오래전부터 외국인 환자 유치에 열을 올리고 있었다. 우리나라도 처음에는 외국 병원들을 대규모로 유치하겠다며 하버드와 예일대 병원을 송도에 유치하려고 했지만 복지부의 의료정책과 투자의 한계가 맞물려 뜻대로 되지 않았다. 복지부가 한 발 물러나 외국인 자본을 50%로 완화해 주는 등 경제자유구역에 다시 허가를 내주겠다고 했지만 아직은 확정된 바가 없다. 담당 부처의 환경에 따라 달라지는 정책 발효가 투자자에게 신뢰를 주지 못하기 때문이다.

의료 민영화 정책 또한 야당과 시민단체들의 반대가 만만치 않은데, 간과하고 있는 것은 우리의 의료 현실은 이미 민영화나 다름없다는 사실이다. 우리나라 병의원들은 대부분 개인병원이고 그 중에서도 성형외과가 상당히 많은데 중국 등 외국인 환자 유치에 열을 내고 있는 것은 오히려 정부이기 때문이다. 건강보험이 사라지고 민영화로 인한 의료비가 상승하면 소득 수준이 낮은 계층이 의료혜택을 제대로 받을 수 없다는 문제점을 제기하고 있는데, 멀리 보자면, 비인기 진료과목과 특정 진료과목에만 치중되는 의료서비스와 의료수준이 해소될 뿐만 아니라 보험 적용이 되지 않는 진료과목에도 우수 인력이 모일 수 있다는 장점도 있다. 불필요한 검사와 의료비 부당청구가 의료민영화의 본질로만 해석되고 있는 것 같아 안타깝지만 사실 의료가 민영이지 세금은 이미 일반인의 30~40%에 해당하는 과세를 하고 있어 지금의 의료정책에 대해 정확하게 설명하기가 어렵다.

의사에게는 은근 성직자적인 소명의식을 강요하고, 성형외과 의사는 나쁘게만 생각하는 경향이 있다. 그러면서 정부는 중국 환자 유치해서 성형수술을 많이 하라고 한다. 얼마 전 발표를 보니 작년 우리나라에 온 의료관광객이 28만 명이었는데, 올해는 40만 명을 목표하고 있다고 했다. 대부분 성형이다. 과세에 대한 불만을 이야기하는 것이 아니다. 의료현실과 시장 상황을 좀 더 정확하게 파악해서 정책을 만들었으면 하는 바람이다. 요란하게 시작한 프로젝트 하나가 흐지부지될 때마다 정부는 막대한 세금을 날리게 되고 기업은 큰 손해를 입게 된다. 기업에 대한 정부의 평가가 근시안적인 것이 아닌 미래지향적인 평가로 바뀌었으면 한다.

나는 새 가슴이다

어느 노교수가 "우리
나라 제약 발전은 제약
회사가 한 거다."라고
했다.

맞는 소리다. 예전에는 제약회사에서 의사들
연구비도 주고 유학도 보내주었다. 외국에서 열
리는 학회가 있으면 비행기 표도 사주며 참석시
켰고 많은 유학생들이 제약회사의 도움을 받아 공부를 했다. 물론
모두 공짜가 아니라 제약회사의 투자전략이었다. 나라에서 못하는
일을 기업이 투자를 해 인적자원을 만든 것이다. 국내 유수의 제약
회사들이 그렇게 해서 의학발전에 많은 기여를 한 것은 인정한다.
덕분에 제약회사가 쑥쑥 성장했고 우리 사회 의료 환경도 좋아졌
다. 하지만 그렇게 성장한 기업들의 뒷면에는 치열을 넘어선 부도

덕한 윤리의식으로 경쟁에서 살아남는 기업들이 많다. 오죽하면 경제사범이 되지 않고는 기업을 성장시키기 어렵다는 말이 있을까. 새삼스럽게 그걸 이제 알았느냐고 할지도 모른다. 알고 있기에 그 문제를 꺼낸 것이다. 나도 돈을 벌고 회사를 키우려면 그런 식으로 해야 하는 것인지 새삼스레 생각해봐야 하기 때문이다.

이명박 대통령이 중동 순방시절 정부에서 바이오 제약을 성장시키겠다고 같이 가자고 제안이 왔다. 그때는 순진해서 갔다. 가서 대통령 특사 따라다니며 열심히 했지만 돌아와서는 정작 정부에서 제대로 관리를 안 해 아무런 성과가 없었다. 일만 벌려놓고 끝까지 책임지는 사람이 없었다. 이번 정부도 미국과 이란 순방 때 참여해 달라는 공문이 왔는데 못 간다고 했다. 내가 특별히 할 일이 없기 때문이다. 기업인이 사절단으로 나갈 때는 모양새가 아닌 실질적이고 구체적인 청사진이 있어야 한다. 이런 내가 답답했던 것인지 어느 날 우리 직원이 말했다.

"대표님, 식약청이 우리 회사를 자꾸 관리하니 영업정지만 빼고 벌금으로 막을 수 있는 건 그냥 넘어 갑시다."

까짓 벌금보다 돈 버는 게 더 중요하니 그냥 해보자는 거였다. 산 너머 산이라고, 대표자리가 이렇게 골치 아픈 줄 몰랐다.

나는 새가슴이라 그렇게 못한다고 했다. 돈도 벌고 싶고 회사도 키우고는 싶지만 경제사범이 되고 싶은 생각은 없다. 공무원을 만나 술도 마시고 의사에게 리베이트도 챙겨주면서 공격적인 마케팅을 하면 세계적인 기업으로 성장할까? 솔직히 나도 가끔은 그러고 싶을 때도 있지만 체질에 안 맞는다. 누구는 체질에 맞아서 그러냐고 또 그럴 테지만 그게 도무지 하기 싫고 안 되는 인간도 있다. 버럭 하는 성질머리에다 얄궂은 도덕적 양심까지 챙기며 무슨 사업을 하겠다는 것이냐고 걱정하는 친구들이 많다. 나도 잘 알고 있다. 그래서 머리가 쥐나도록 고민하며 제대로 된 회사를 만들려고 노력 중이다.

정직하고 도덕적인 기업도 성공할 수 있다는 롤모델이 있어야 세상의 변화가 생긴다. 당장은 내 행동과 발언들이 누군가에게는 거슬리고 상처가 될 수 있지만 또 다른 누군가에게는 건강한 기업의 생태와 환경이 얼마나 중요한지 한 번쯤 돌아보게 할 것이다.

리더의 카리스마는 리더의 것일 뿐이다

『좋은 기업을 넘어 위대한 기업으로』라는 책이 있다.

이 책은 기업경영에 관한 총서라고 해도 손색이 없을 정도로 정밀한 데이터를 분석해 담았다. 짐 콜린스라는 미국의 기업연구가가 6천 건의 인터뷰와 논문을 토대로 위대한 기업을 만들기 위한 전략과 방법을 제시하고 있다. 이 책이 베스트셀러가 된 것은 그만큼 성공하고 싶은 기업인들이 많다는 뜻일 수도 있다. 나 역시 그들 중 한 사람이지만, 그렇다고 이 책을 통째로 외운다고 성공하는 기업가가 될 수는 없을 것이다. 공통적인 사례와 대표적인 사례는 어디까지나 참고와 도움은 되겠지만 경영자의 리더십 그 이상을 따라 하기

란 쉽지 않다. 좋은 기업은 많지만 위대한 기업은 많지 않다는 저자의 의견에 공감하며 위대한 기업들의 공통점을 알아봤다.

위대한 기업의 리더들이 가지고 있는 공통점은 리더답지 않은 리더들이었다. 이른바 카리스마가 넘친다는 리더들과는 다르게 조용하고 겸손한 성품을 가지고 있었다. 모든 공을 직원들과 소비자에게 돌리며 자신은 단지 운이 좋았다고 말하는 리더가 위대한 기업을 만들고, 흔들리지 않는 믿음과 깊은 열정, 규율과 문화가 있는 기업의 리더가 존경 받았다.

카리스마 경영이라는 명목으로 변화무쌍한 혁신을 외칠 것 같은 미국의 세계적인 기업들도 의외로 동양적이고 정적인 가치들을 추구하는 편이다. 지극히 기본적인 원칙과 성실이라는 기업 분위기를 내세우며 차근차근 단계를 밟아온 회사들이 좋은 평가를 받는다. 반면에 기업의 이익이 우선이라며 혁신과 개혁을 주장하는 과감한 경영자는 최고의 리더는 될 수 있을지언정 위대한 기업가는 될 수 없을 것이다. 결국 리더의 카리스마는 리더의 것일 뿐이다. 사실 이론은 있지만 정답은 없다. 최고의 기업과 위대한 기업 모두 리더의 경영철학으로 만들어지는 것이라면 이론보다 리더 스스로 깨달으며 자신만의 기업 가치를 만들어가야 할 것이다. 회사의 성장도 멀리서 지켜보면 파동이 보인다. 천천히 잔잔하게 가자는 게 내 전략이다. 한 계단씩 오르다 보면 정상이 보일 것이고 미세한 파동을 꾸준히 관찰하다 보면 우리만의 가치가 보일 것이다. 단기적인 성장보다 지속가능한 탄탄한 기업으로 말이다.

사실 불과 몇 년 전만 해도 우리 회사는 별 희망이 없었다. 줄기세포치료제 허가를 받지 못했으면 아마 어떤 결정을 내려야 했을지도 모른다. 내가 끝까지 놓지 않았던 것은 직원들에 대한 믿음과 잘 될 거라는 믿음이었다. 그마저 버리면 그야말로 모든 걸 잃을 것 같았다.

당시 나는 내게 마법의 주문을 걸었다.

"잘 될 거야, 걱정하지 마."

허가를 받고 임상에 성공하기까지 다시 5년이라는 시간이 흘렀지만 나는 버텼다. 황우석 사태로 줄기세포에 대한 믿음이 바닥까지 추락했지만 위대한 기업으로 남기 위한 고통이라고 생각하며 견뎠다. 그리고 우리는 희망을 찾았다. 모두 나를 믿어준 직원들 덕분이다. 직원들 월급은 절대 떼먹지 말고 꼬박꼬박 주라고 하신 아버지의 가르침을 충실히 따른 결과이기도 하다.

또한 지금까지 그래왔듯이 성공을 목표로 한 지름길을 선택하지 않고, 기업인들의 도덕의식이 건강한 사회를 만든다고 강조한 중국의 부호 알리바바의 마윈처럼 돈이 우선이 아닌 건강한 사회적 책임을 다하는 데 가치를 둘 것이다. 문제는 그런 좋은 기업을 만들고 훌륭한 리더가 되려면 불타는 김현수의 이미지는 조금 버려야 할

것 같다. 위대한 기업의 리더들 중에 그런 이미지를 가졌다는 사람
은 없는 것 같으니 말이다.

유전자도 어쩔 수 없는 생김새

우리나라에 성형외과 의사들이 많아진 데는 여러 이유가 있다. 오래전에 만들어진 낮은 의료 수가도 한 몫을 한다. 낮은 의료보험에 맞추다 보면 적자를 면하지 못하니 비보험인 성형에 눈을 돌릴 수밖에 없고, 경제력이 좋아지면서 재건성형이 미용성형과 맞물리면서 성장하기 시작한 것이다. 또한 급격한 출산율의 저하로 산부인과 의사들 상당수가 성형외과로 갈아탔다. 요즘에는 동네 의원조차 점 빼는 것이 일반화되어 기본적인 의료 기구를 갖추고 있을 정도다. 간단한 미용성형 정도는 동네 병원에서도 쉽게 할 수 있다 보니, 성형왕국이라는 명예스러운 것인지 불명예스러운 것인지 모를 소릴 듣게 되었지만 우리의 성형기술이 발달한 것만은 사실이다. 압구정에 있는 성형외과 수만 따져 봐도 우리나라의 성형 실태를 짐작할 수 있는 것이 그만큼의 수요와 공급이 이루어지고 있다는 증거이다.

의사인 내가 봐도 깜짝 놀랄 정도로 수술 실력도 좋다. 외국의사들이 와서 배워갈 정도로 실력이 뛰어나다 보니 자연스럽게 관광산업으로 이어져 성형외과 골목이 밀집되어 있는 곳에 가보면 내국인들보다 외국인들이 많은 걸 볼 수 있다. 물론 재건성형을 하기 위해 찾아오는 환자들도 있지만 대부분은 미용성형을 하기 위해 성형외과를 찾는 경우가 많다.

우리나라 성형은 거의가 일본에서 배워온 것들이다. 지금은 우리가 그들보다 앞서 있지만 초창기에는 일본에서 치아교정을 시작해 점차 미용성형으로 확대된 것이다. 일본인은 치아 부조화가 굉장히 심한 편이다. 정확한 이유는 모르지만 알려진 바에 의하면 2차 대전 당시 입은 원폭피해의 후유증과 근친상간으로 인한 유전적 결함 또는 남방계의 특징적인 골격형태 등이 영향을 미쳤을 수 있다고 한다. 생태환경의 변화에 따라 인간의 형태도 달라진다는 과학적 추측과 일치할 수 있는 이야기다. 일본의 치아교정술은 다시 독일의 앞서간 의료기술을 받아들여 성장시킨 결과이다. 때문에 일본의 의사교육시스템이나 의료시스템은 독일과 거의 비슷한 구조를 가지고 있다. 똑같은 의료기술과 환경도 사회적 영향에 따라 도태될 수도 있고 성장할 수도 있다는 것을 보여주는 사례라고 할 수 있다.

하지만 모든 산업이 그렇듯 급속한 성장의 이면에는 부작용 또한 드러나기 마련이다. 의료사고로 이어지고 있는 성형왕국의 심각한 부작용이다. 성형수술의 부작용은 성형 자체를 너무 쉽게 생각하고 접근하는 소비자한테도 문제가 있다. 외모를 중요시하는 풍토에 장단 맞추려는 소비자와 과잉성형을 부추기는 의사들 간에 일어날 수 있는 가장 큰 위험요소가 성형중독이다. 성형중독의 부작용은 심리적 후유증과 의료사고로 이어져 의사와 소비자 모두 좋지 않은 결과를 만들뿐이다. 재건성형이 아니라면 외모가 아닌 다른 방법을 통해서 자신감을 얻는 것이 중요하고, 성형으로 꼭 인생역전을 하고 싶다면 제대로 된 의사를 찾아가 합리적인 방법으로 수술을 받아야 할 것이다. 세상이 아름다운 것은 생김새도 다르고 유전인자도 다른 다양한 사람들이 어울려 살기 때문이다. 일란성 쌍둥이조차 생김새가 다른데 왜 잘 생기고 예쁜 배우처럼 고쳐달라고 하는 것인지 이해할 수 없다. 세계 어딜 다녀 봐도 우리나라 여성들의 외모는 월등하다. 외모가 부족한 것이 아니라 자신감이 부족한 것이다.

금수저 의사인 당신이 이놈의 세상에 대해 뭘 알아서 그런 소릴 하느냐고도 할 것이다. 글쎄? 누구도 세상을 다 알지 못한다. 인격

체가 다르고 살아가는 방법이 다른데 어떻게 모든 세상을 알겠는가. 우리가 정확히 알고 있는 것은 철학자 소크라테스 말처럼 우리는 아니, 나는 내가 아무것도 모른다는 사실을 알고 있다. 그러니까 성형을 아무리 해서 돈을 벌고 잘 생겨져도 행복하고 만족스럽지 못한 것이 인간이라는 사실을 알고 있다는 뜻이다.

앞으로 성형관련 의료시장은 점점 더 커질 것이다. 관광산업과 맞물린 성형의료는 중국이라는 거대 시장을 공략하고 있는데 이것 역시 또 하나의 한류 열풍이라고 할 수 있다. 드라마와 영화 등은 이미 중국뿐만 아니라 세계 여러 나라에서 한류콘텐츠산업으로 자리잡기 시작했다. 성형의료가 산업으로의 성장 가능성이 큰 것도 그러한 문화콘텐츠 시장 덕분이라고 할 수 있다. 성형의료 또한 황금알에 비유하지만 실속 없고 건강하지 못한 성장은 거품 또한 빠르게 꺼진다. 미용 차원의 날렵한 성형관광국으로 이름나기 보다는 몸과 마음 두 마리 토끼를 다 잡을 수 있는 의료관광국이라고 소문이 났으면 하는 바람이다.

내 인생의 스승

Chapter.8

PHARMICELL
Stem Cell Center

Stem Cell Drug

m Cell Banking

m Cell Cosmetic

Bio - Chemicals

건방의 부끄러움을 가르치다

아주대학교에서 김효철 선생님을 만난 것은 큰 행운이었다.

묘목 하나가 큰 나무가 되기까지는 숱한 비바람과 시간이 필요하다. 심영학 선생님이 내게 나무가 되기 위한 올바른 묘목의 가치를 심어준 분이라면 김효철 선생님은 내가 좋은 나무로 성장할 수 있는 환경을 만들어준 분이다. 내게 연구실을 통째로 맡겨 맘껏 연구할 수 있는 기회를 주셨다. 골수이식을 성공하기 전이었고 매일 책만 파고 있는 내가 답답해 보였던지 연구와 임상실험을 병행하도록 최고의 배려를 해주었다. 선생님은 미국에서 공부한 경험한 탓인지 개인의 학문적 성과를 자유로운 방법으로 얻도록 유도했다. 참여적이고 창의적인 연구시스템을 통해 자신 만의 체계를 구축하라는 가르침은 주입식 교육에 길들여진 우리 교육의 현실을 대변하는 우려이기도 했다. 지금은 혈우병 전문병원을 만들어 많은 환자들을 치료하며 열정적인 삶을 살고 계시다.

내게 또 한 분의 스승은 현봉학 선생님이다. 임상병리학 분야에서는 세계적으로도 유명한 혈액학 전공자이다. 특히 현미경으로 혈액의 모양을 보고 병을 진단하는 데 있어 최고의 권위자라고 할 수 있다. 선생님은 미국의 위스콘신 병원에 있다가 은퇴 후 아주대학병원으로 오셨다.

현봉학 선생님이 세상 사람들에게 많이 알려진 데는 세계적인 임상병리학자라는 사실보다 한국전쟁이라는 우리의 비극적인 역사에 큰 역할을 했기 때문이다. 선생님은 버지니아 리치몬드 의대에 다니다 스물여덟에 한국전쟁에 참가해 인천상륙작전에서 맹활약을 하다 중공군의 반격으로 후퇴하게 되었다고 한다. 흥남으로 밀려드는 피난민을 배에 실어 남쪽으로 가야 하는 상황이었고, 선생님은 배의 무게를 감당하기 위해 물자를 버리고 피난민을 싣자는 의견을 강력하게 주장해 무려 만여 명 가까운 피난민을 싣는 전무후무한 흥남철수작전을 펼쳤다고 한다. 선생님이 한국의 쉰들러로 알려진 것은 혹독한 전쟁에서 발휘된 인간애였다. 많은 사람들이 지금까지 선생님에 대한 이야기를 회자시키는 것 역시 그런 이유일 것이다.

내가 기억하는 선생님은 은퇴하신 나이임에도 불구하고 열정이 넘치셨다.

매일 아침마다 김효철 선생님, 현봉학 선생님 셋이서 현미경을 들여다보곤 했던 기억이 난다. 두 분 선생님과 함께한다는 것이 나로서는 대단한 영광이고 새카만 후배인데, 나는 자주 건방을 떨었다. 선생님들보다 환자도 많이 보고 슬라이드도 많이 본 내 판단이 정확할거라고 주장하곤 했다. 젊음과 패기가 지나간 자리에는 꼭 부끄러운 자국이 몇 개는 남아 있다는 어느 시인의 말처럼 내게도 지워지지 않는 청춘의 흔적이 있다. 그때는 그것이 최선이었을 테니 후회해도 소용없지만 그때 그 순간들을 기억하고 그리워하는 것으로 지금의 내 마음을 표현하고 싶다.

현봉학 선생님은 2007년 노환으로 별세하셨다. 선생님의 부음 소식을 듣고 하루 종일 마음이 무거웠다. 누구나 피할 수 없는 길이 죽음이지만 선생님과 함께했던 시간이 장자의 꿈처럼 느껴진다. 훤한 인물로 호탕하게 웃으시며 날 질책하시던 선생님이 지금도 생생하다.

낮보다 길었던 우리들의 열정적인 밤

많은 친구들 중에서 그래도 나와 가장 많은 술을 마신 친구를 꼽는다면 단연 박준성 교수와 유병무 교수다. 박준성 교수를 만난 것은 군의관 2년차 시절 원주 1군 수지원 사령부에서 근무할 때다. 그곳에 중위 군의관으로 먼저 와 있던 그는 성격도 활달했지만 모든 것에 박학다식해서 이야기가 잘 통했다. 술도 좋아하고 나처럼 장교 숙소에서 혼자 생활하다 보니 자연스럽게 가까워질 수밖에 없었다. 의무실로 출근해 그와 함께 이런 저런 이야기를 하다보면 하루가 짧을 지경이었다. 세상사에 대한 그의 이야기 솜씨가 어려서부터 쌓은 독서 실력이라는 것을 어렵지 않게 알 수 있었다. 그 재미있는 이야기를 정리해서 책으로 출간해보면 어떠냐고 제안했는데 아직 소식이 없는 걸 보면 탈고를 못한 모양이다.

아무튼 박 교수와 나는 매일 만나 많은 시간을 함께했다. 군대라는 제한적인 공간에서 마음이 통하는 친구를 만난다는 것도 힘들지만 그런 친구와 같이 시간을 보낸다는 것 역시 더 어려운 일인데, 군의관이었기에 가능한 일이었을 것이다.

그는 삼국지를 수십 번 읽었다고 했다. 290년경에 쓰인 중국의 역사서 삼국지는 위魏, 촉蜀, 오吳 세 나라의 이야기를 기록한 것으로 성경 다음으로 아마 세상 사람들에게 가장 많이 읽힌 책일 것이다. 나 역시 만화책 삼국지를 시작으로 두어 번 읽었지만 박 교수처럼 입담 좋게 이야길 할 수 있을 정도는 아니다. 그는 삼국지에 나오는 죽음과 전쟁, 음모와 지략 같은 영웅호걸들의 이야기를 현시대 인물들과 대입시켜 명쾌하게 풀어냈다. 복잡하고 어려운 이야기를 쉽고 재밌게 풀어내는 재주가 있어 더 흥미로웠다. 박 교수 말대로 역사란 순환이고 여전히 살아 움직이는 현재라는 말이 맞는다. 오늘을 살고 있는 우리는 과거의 어느 누구일 수도 있고 우리가 딛고 있는 이 세상 역시 오래전의 그 세상과 다르다고 어떻게 장담할 수 있겠는가. 철학적 담론일 수도 있겠지만 인연에 대한 이야기를 하다 보면 시간과 기억, 역사가 모두 한통속임을 풀어놓지 않을 수 없다.

우리가 그렇게 삼국지 이야기로 군대를 평정하는 동안 한편에서는 우리를 갈라놓을 조조의 계략이 발휘되고 있었다. 그래서 일찍이 친구랑 너무 붙어 다니면 주변의 시샘을 산다고 한 모양이다.

1년 정도 지난 어느 날 박 교수가 충주의 탄약창으로 발령이 났다는 지시가 내려왔다. 갑작스런 발령이라 나와 박 교수 모두 당황스러웠다. 박 교수가 잔류신청을 했지만 받아들여지지 않았다. 군의관의 잔류신청은 대부분 받아들여지는 것이 예사인데 뭔가 이상했다. 얼마 후 나까지 수방사 예하 사단 의무대로 가게 된 걸 보면 고의적인 조치라는 생각이 들었다. 젊은 군의관 둘이 쿵짝이 맞아 싸돌아다니다 눈 밖에 난 것이다. 조금만 자제를 했더라면 박 교수와 더 많은 시간을 보낼 수 있었을 텐데, 자고로 넘치면 탈이 나는 법이다. 진짜 삼국지에 빠져 현실의 삼국지는 헤아리지 못한 탓이었다. 하지만 박 교수와의 인연은 끝이 아니었다. 내가 아주대 병원에서 연구를 시작할 즈음 그도 내과 전공의를 지원하기 위해서 아주대병원으로 왔다. 반갑고 또 반가웠다. 우리들의 삼국지 이야기는 끝나지 않았던 것이다.

박준성 교수와는 군대를 거쳐 아주대병원에서 계속 인연을 맺었지만 유병무 교수는 병원에서 만나 일상의 소소한 부분과 치부까지 드러낼 수 있는 친구가 되었다. 친구인지 적인지 구분하기 어려운 무한경쟁 속에서 진정으로 나를 걱정해 주고 응원해주는 친구를 만난다는 것은 큰 행운이다. 유병무 교수가 그런 사람이다. 유 교수는 눈코 뜰 새 없이 바쁘고 힘들던 아주대 전임강사 시절에 만났다. 그는 한양대 의대에서 내과를 전공하고 아산병원에서 연구강사를 하다가 아주대 전임강사로 왔는데, 같은 연배라 그런지 처음부터 친근한 느낌이었다. 젊은 교수의 일과는 새벽부터 회진, 외래진료, 각종 시술 등으로 꽉 차 있었고, 저녁이면 서류작업과 공부, 실험 등이 기다리고 있어 철야하기 일쑤였다. 주말까지 밤늦도록 일해도 끝이 보이지 않는 날들의 연속이었지만 유 교수가 옆에 있어 위로를 받을 수 있었다. 누가 먼저랄 것도 없이 우리는 늦은 밤 학교 앞 선술집으로 달려가 아무 말 없이 술을 마셨다. 술에 취하면 고단한 스트레스를 서로에게 퍼붓듯 주정도 하고 위로도 하면서 마치 전우처럼 서로에게 힘이 돼 주었다.

특히 비가 오는 날이면 뭔가에 끌리듯 술집으로 가 우리가 살아가고 있는 세상의 불합리와 정의에 대해 얘기했다. 정치는 왜 늘 이모양이고, 경제는 왜 제대로 돌아가지 않는 것인지 열변을 토했다. 그 교수의 행태는 어떻고 그 책과 음악은 왜 그렇게 만들어졌는지 병원 밖 세상사 모두가 우리 술안주로 등장했다. 서로 눈치 볼일 없으니 어떠한 이야기를 나누어도 우리는 맘이 편했다. 그래서 가끔은 언성이 높아질 때도 있었지만 그 속내까지 이해받을 수 있는 친구라서 돌아서면 늘 아쉬웠다.

병원으로 돌아오면 언제 그랬느냐 싶을 정도로 우리는 환자들을 위해 최선을 다했다. 회진을 돌다 만나면 어려운 환자들이나 새로운 문제에 직면한 일들을 상의했다. 서로의 전문 분야와 상관없이 환자를 만나러가서 각자의 판단과 의견을 나누기도 했고, 환자를 위해 조금이라도 도움이 된다면 바로 전과하여 치료를 했다. 나는 혈액종양내과 전공이라 유 교수가 맡은 종양환자들의 항암치료를 맡았다. 항암제 사용은 전문성이 요구되는 분야이지만 수술이나 시술에 전문화된 의사들이 항암제 사용에 시간을 보내는 것은 낭비라고 생각해 되도록 빨리 치료할 수 있도록 조치한 것이다. 유 교수는 지금도 아주대 병원에서 일하고 있다. 물론 연륜과 능력으로 예전처럼 시간에 쫓기면서 일하지는 않겠지만 그의 열정만은 아마 예전 그대로일 것이다.

거부할 수 없는 운명

영화는 그 시대를 관통하는 가장 정확한 메시지라고 할 수 있다.

요즘처럼 천만 관객 시대는 아니었지만 내 어릴 적에도 영화 마니아들은 어떤 방법을 써서라도 자신이 보고 싶은 영화는 꼭 봤다. 초등학교에 다닐 때 극장에 자주 들락거린 것은 아마 영화를 좋아해서라기보다 극장이 집에서 가까이 있었기 때문일 것이다. 집 앞을 나가 골목을 두 번만 꺾으면 극장이 두 개나 있었고, 엄마와 아버지는 병원 일로 바빴으니 나도 뭔가 취미생활이 필요했다. 1970년대는 한국 영화의 전성기라고 할 정도로 많은 영화들이 개봉되었다. 그래 봤자 어린 내가 볼 수 있었던 영화는 고작해야 로보트 태권브이나 엄마 없는 하늘 아래 정도였다. 판타지나 공상과학 영화 같은 애니메이션을 봤더라면 좋았을 테지만 성인들을 위한 한국영화가 대부분이라 본 영화를 반복해서 보는 수밖에 없었다. 극장에 한두 편 걸리는 외국영화도 거의가 성인들이 볼 수 있는 영화라 사람들 틈으로 몰래 잠입해 들어가지 않으면 안 되었다. 지금 생각해 보면 영화가 보고 싶었던 것이 아니라 극장이 가지고 있는 어둠과 쾅쾅 울리는 영화의 효과음 따위에서 묘한 호기심을 느꼈던 것 같다. 학교가 끝나고 집으로 돌아오는 골목 담벼락에는 언제나 상영 중인 영화 포스터가 보란 듯이 나풀거리며 나를 유혹했다. 나는 포스터를 훑어보면서 봐야 할 영화를 찜한 뒤 곧장 병원으로 달려가 아버지한테 손을 벌렸다. "아빠, 100원 만!" 환자를 보던 아버지가 내 손에 백 원짜리 동전을 쥐어주면 나는 쏜살같이 극장으로 달려갔다. 요즘 애들은 피시방으로 달려가지만 그때는 만화방 아니면 극장인데 안타깝게도 내 집 근처에는 만화방이 없었다. 만화방까지 가까이에 있었더라면 분명 의사가 되지 않고 예술가가 되었을지도 모른다. 가끔은 그런 생각도 했다. 섬세한 손가락을 유전자로 물려받았으니 음악이나 미술을 했어도 결과가 나쁘지 않았을 것이라고. 의사의 길을 선택한 걸 후회하는 것은 아니지만 개발되지 못한 내 또 다른 능력이 그냥 도태된 것은 아닌가 뒤돌아보게 된다.

어머니도 내게 그런 능력이 있는지 판단하기 위해서 바이올린 선생님과 미술 선생님을 집으로 불러들인 적이 있었다. 난파 음악제라는 대회에서 상 받은 기억이 있으니 음악에 아주 소질이 없지는 않은 것 같은데 아무리 뒤져봐도 우리 집안에 예술가는 한 명도 없었다. 상을 받은 것은 내 능력이 아니라 날 가르친 선생님의 능력과 어머니의 열정 덕분이었던 것이다. 미술은 선경합섬 디자인 팀장이었던 사람한테 배웠다. 깐깐하게 가르치는 바이올린 선생님보다 친절해서 그런지 미술은 은근히 재미가 있었다.

목표 없이 공부하던 나는 처음으로 미대에 가고 싶은 마음이 생겼다. 백 번 양보한다고 해도 미대는 그래서 홍대 건축학과에 가려고 원서를 준비했는데, 아버지께서 크게 화를 내셨다. 아들 둘 중 하나는 당신과 같은 길을 가기를 바랐는데, 형은 오래전에 기대를 져 버렸고 나마저 의대진학을 하지 않겠다고 하니 마음이 많이 상하셨던 것이다. 공부를 출중하게 잘하지도 못했지만 아버지의 어려움을 보며 자란 탓인지 의사라는 직업을 크게 동경하지 않았다. 하지만 더 이상 아버지의 뜻을 꺾을 수는 없었다. 뜻대로 되지 않는 것이 자식이라고는 하지만 나마저 아버지 인생을 힘들게 하고 싶지 않았다. 아니 어쩌면 아버지처럼 훌륭한 의사가 될 자신이 없었던 것인지도 모른다.

지나고 보니 그 또한 아버지의 의지가 아닌 내 의지로 선택한 내 길이었음을 알게 되었다. 중요한 결정을 내려야 하는 순간이 올 때마다 누군가의 도움이나 말 한마디가 영향력을 행사하는 것은 사실이다. 그러나 먼 훗날 돌아보면 결국 자신의 의지대로 움직이고 결정했다는 걸 깨닫는다. 외로워서 영화에 빠지고 재미없는 바이올린을 배우고 미술의 매력에 빠졌던 유년의 시간이 없었더라면 의사 김현수로 성장하지 못했을지 모른다. 그때는 그 모든 것들이 좋기도 하고 싫기도 해서 내가 무엇이 되고 싶은지 몰랐지만 내 인생의 발아는 이미 그때부터 싹 틔울 준비를 하고 있었을 것이다. 그렇지 않고는 내가 이토록 섹시하고 성실한(여동생이 그랬다) 의사가 될 리 없다.

홀인원하는 명랑골프

사업하는 사람들은 골프치는걸 당연하게 생각한다.

골프 안 치면 비즈니스를 못하는 양 회사만 차렸다 하면 골프채부터 가지고 설쳐댄다. 골프가 대중화되어 예전처럼 큰돈이 드는 것은 아니지만 아직은 그래도 많은 사람들이 쉽게 접근할 수 있는 스포츠라고 할 수는 없다. 나도 골프보다 야구를 더 좋아하지만 업무상 만난 사람보고 "나하고 야구하러 가실래요?" 할 수는 없는 노릇이라 가끔씩 골프장을 찾는데 큰 재미를 느끼지는 않는다. 소질이 없는 것은 아니지만 자전거만큼 낭만적인 운동이라는 생각은 들지 않는다.

그래도 골프는 여럿이 함께하는 운동이다 보니 사람들과 세상 돌아가는 얘기도 하고 술도 한 잔할 수 있어 아주 멀리할 수는 없다. 늘 회사에 있다 보니 일상적인 유머와 세련된 대화 능력이 부족할 때가 많다. 인간관계에서 가장 중요한 것이 대화이고 유쾌한 대화야 말로 관계의 친밀도를 높이는 좋은 방법인데, 나는 센스가 없어 농담과 진담의 적절한 경계를 오가며 말하지 못한다. 오죽하면 사촌 여동생이 "오빠의 언어 센스는 빵점이야."라고 했을까. 내 부족함을 누구보다 잘 아는 터라 따끔한 충고도 마다하지 않지만 그래도 동생으로부터 그런 소릴 들으면 스피치 학원이라도 다녀야 하나 생각하게 된다.

말에도 품격과 인격이 있다는 것은 알고 있지만 사람의 마음을 움직이고 즐겁게 하는 것은 그보다 말의 센스와 타이밍이다. 적절한 비유와 소리의 강약, 그리고 타이밍이라는 삼박자가 맞아야 듣는 사람이 집중하고 환호하니 결코 쉬운 일은 아닌 듯 싶다. 그딴거 모두 상관하지 않고 맘 편하게 만날 수 있는 사람은 역시 동창들뿐이다. 초등학교 동창들을 만나면 껍데기를 벗어던진 기분이다. 원초적인 나로 돌아간 듯 무슨 말을 하고 무슨 욕을 해도 소통이 되는 친구들이다. 그 친구들과 이른바 명랑골프를 치러 다녔다. 골프실력보다는 명랑이 우선인 만큼 우리는 언제나 시끄러웠다.

한번은 내가 친 공이 홀 바로 근처에 떨어져 버디가 난 적 있었다. 생각지도 않았던 장타까지 날리며 기대 이상의 실력을 보였더니 친구들이 난리를 치며 좋아했다. 이겨도 웃고 져도 웃는 친구들이라 내기 골프의 의미는 사라졌지만 기분은 최고였다.

배가 나오고 머리가 희끗한 중년의 남자들이 잔디밭 한가운데서 애들처럼 좋아하는 모습은 상상만으로도 유쾌한 풍경이다. 이해와 감정이 섞여야만 도태되지 않는 사회에서 마음을 텅 비우고도 만날 수 있는 것이 친구들이다. 각자 하는 일도 다르고 삶의 스타일도 다르지만 순수했던 유년의 기억만큼은 같기에 명랑골프를 칠 수 있을 것이다. 안타까운 것은 일상의 선물 같은 그런 시간을 자주 가질 수 없다는 것이다. 우리는 모두 먹고 살기 바쁜 인간들이라는 자조 섞인 우울을 이해하기 때문이다.

두 바퀴로 달리는 행복

다시 자전거를 타기 시
작한 것은 회사를 시작
하고 나빠진 건강 때문
이다.

환자들 치료하느라 정작 내 건강이 나빠지는
걸 신경 쓰지 못했고, 회사를 시작하니 그 이상
의 스트레스와 잦은 술 탓에 체중이 급격하게
불어났다. 비만이 만병의 근원임을 모르지 않으니 몸 여기저기서
나타나는 신호를 더 이상 모른 체할 수 없어 운동을 결심했다. 다른
운동도 많지만 혼자 간편하게 떠날 수 있다는 편리함을 생각하니
자전거가 제격인 듯 싶어서 시작했는데 너무 만만하게 생각한 탓에
처음에는 고생깨나 했다.

무슨 일이든 몸에 익기까지는 시간과 경험이 필요한데, 처음부터

욕심을 냈더니 그야말로 하늘이 노래지고 구역질이 나는 경험부터 했다. 살을 빼고 건강해져야지 하는 생각만으로 자전거를 타다보니 무리하게 되고 자전거 타는 진짜 매력을 느끼지 못했던 것이다. 시작은 거창하게 해놓고 나가 떨어져 한 계절을 보낸 다음 다시 페달을 밟았더니 이전과는 사뭇 다른 느낌이었다. 비로소 자전거의 진정한 맛을 알게 된 것이다.

요즘 자전거는 자동차보다 비싼 것들이 많다. 인체공학적으로 설계되어 엉덩이 무게를 안장이 알아서 분산시켜 주고 오르막길과 내리막길에서는 무게중심을 옮길 수 있어 엉덩이가 덜 아픈 구조로 만들어졌다. 대만의 자이언트라는 회사가 전 세계 자전거의 70~80%를 만들고 있긴 하지만 우리나라 제품들도 매우 우수한 편이다. 자전거 종류만도 수십 가지가 넘는데, 가장 많이 쓰는 자전거는 우리가 흔히 알고 있는 일반 자전거다. 자동차로 따지면 운송하기 용이하게 만들어진 자전거라고 할 수 있다. MTBMountain Trail Bike는 타이어가 넓고 브레이크의 힘이 좋아 산이나 비포장도로를 달리는데 필요한 자전거다.

최근에 가장 유행하는 로드 자전거로 포장도로나 자전거 전용도로에서 속도를 높여 탈 수 있고 장거리를 달릴 수 있다. 자전거 맛을 알았으니 자전거 욕심을 내지 않을 수 없고 한두 대씩 사다보니 일곱 대가 되었다. 취미생활의 첫 번째 조건은 장비를 갖추는 것이라고는 하지만 거실에서 소파 대신 자전거에 앉아 있을 처지다.

자전거 인구가 많다 보니 한강 변을 비롯해 전국에 자전거 도로가 있다. 자동차로만 다니다가 자전거를 타니 보이지 않던 또 다른 세상이 있었다. 두 바퀴로 가는 세상은 뭔가 불안해 보이지만 그 불안하게 달리는 스피드가 바람을 가르며 달려들 때는 온 몸의 세포들이 살아 움직이는 기분이다. 세포 하나하나가 동력을 만들어내야만 굴러가는 것이 자전거라 비 오듯 땀이 쏟아지는 내 몸에 새삼 경이로움을 느끼게 된다. 순간처럼 지나쳤던 길 위의 꽃과 나무들을 보면 저절로 콧노래가 나오고, 소박한 길에서 만나는 인연도 그냥 반가운 것이 자전거가 주는 매력이다. 그때 나는 처음 시작한 연애처럼 자전거에 빠져 정신을 못 차렸다. 시간만 나면 자전거를 타고 나가 해가 져야 집으로 돌아왔다. 어느 때는 무작정 서울에서 부산까지 자전거를 타고 가기도 했다. 추석 연휴 때 한강에서 출발해 낙동강에 이르니 탈진해서 쓰러질 지경이었다. 마을을 뒤져봐도 식당이 없어 여관 주인한테 부탁해 겨우 치킨을 시켜먹을 수 있었다. 24시간 편의점과 대형 슈퍼마켓에 길들여진 나로서는 대단히 황당한 일이었지만 그 또한 자동차가 아닌 자전거를 타기 때문에 생긴 일이라 낭만적인 사고라고 웃어 넘겨야 했다.

자전거 타기 가장 좋은 계절은 5월이다. 에너지 소모가 큰 운동이라 너무 더워도 문제고 너무 추워도 몸이 자유롭지 못하다. 5월은 기온도 적당하지만 가는 곳마다 푸르러 눈이 즐겁다. 춘천 가는 길이 자전거 마니아들 사이에 가장 인기가 있고, 단선을 따라 가는 한강 길도 가슴 설레게 하는 곳이다. 자전거라는 신세계를 만나다 보니 다른 것은 눈에 들어오지 않았다. 회사 밖에선 자전거 타는 것 말고는 아무 관심이 없어 보이니 주변에서 슬슬 걱정하는 눈치였다. 성격도 외골수인데 혼자 하는 일에만 빠져 있다는 소리였다. 학교와 병원에서만 있던 사람이 회사를 차려 사회성도 부족한데 주구장창 자전거만 타러 다니니 걱정이 되는 모양이었다.

틀린 소리는 아니었다. 그때 나는 편히 숨 쉴 곳이 필요했다. 누구도 신경 쓰기 싫었다. 누적된 피로와 스트레스가 오직 나만의 시간을 가지라고 등 떠밀었다. 자전거를 타는 순간은 기분 좋은 피로만 있을 뿐 머릿속이 맑았다. 힘들게 달려온 거리만큼 도망치고 싶었던 것인지도 모른다. 하지만 어느 순간부터 주변인들의 걱정을 무시할 수가 없었다. 그들이 있어야 나도 있고 자전거가 언제까지 내 피난처가 될 수는 없었다. 그렇다고 자전거를 아주 잊은 것은 아니다. 여전히 그녀를 사랑하지만? 이제는 성숙하게 소문나지 않을 정도로 살살 달릴 것이다.

세상과 소통하는 갈비찜

우리 집을 방문한 사람들 중 열에 아홉은 내가 사는 모습을 보고 여러 번 놀란다. 뭔가 으리으리하게 해놓고 살 줄 알았다가 소박한 인테리어와 가구를 보고는 적잖이 실망하는 눈치를 보인 사람이 여럿이었다. 쓸 만한 가구는 없고 여러 대의 자전거만 있으니 내 신분을 모르는 사람이라면 아마 국가대표 사이클 선수로 착각할 수도 있을 것이다.

그러나 건조해 보이는 거실과 달리 부엌 쪽으로 눈을 돌리면 식탁 위에 예쁜 꽃병이 놓여 있는 걸 보고는 의아해 한다. 거실 분위기와 어울리지 않는 백합과 안개꽃이 꽂혀 있는 꽃병을 보고는 이 꽃꽂이 누가 한 거냐고 꼭 묻는다. 당연히 내가 한 것이라고 대답하면 십 중 팔구는 의심을 하는데, 정말 내가 한 것 맞다.

중년이 되면서 생긴 호르몬의 변화일지도 모르지만 언제부턴가 꽃집 근처를 그냥 지나치지 못하는 버릇이 생겼다. 꽃을 한 아름 사들고 와 식탁에 풀어놓고 하나하나 정리해서 꽃병에 꽂다보면 마음이 평화로워지는 마력을 알게 되었다. 쓸데없는 가지와 잎, 가시를 잘라내는 동안 마음 깊숙이 쌓여 있던 미움과 화 그리움 같은 감정들이 사라졌다. 산으로 들어가 도 닦을 필요 없이 마음공부를 하는 셈이니 이보다 더 좋은 수련 방법은 없다는 생각이다.

한 가지 더 놀랄 일은 내 요리 솜씨가 기가 막힐 정도로 훌륭하다는 사실이다. 자화자찬 하는 것이 아니라 내가 만든 음식을 먹고 일찍이 '대박'이라고 소리치지 않은 사람은 없다. 그만큼 객관적인 평가를 충분히 받았다는 얘기다. 내가 특히 잘하는 요리는 갈비찜이다. 핏물을 빼고 칼집을 낸 다음 양념에 재웠다가 대추와 밤 같은 부재료를 듬뿍 넣어 찜을 하면 내가 먹어봐도 호텔 갈비찜보다 훌륭하다. 비주얼만 좋은 것이 아니라 맛까지 좋아 어머! 어머! 를 연발하며 갈비찜 한 솥을 싹싹 비우고 갈 정도다. 직접 요리하는 과정을 보지 못한 사람은 분명 어디선가 사온 것이라고 의심해서 요즘은 모든 준비를 해놓았다가 손님이 오면 직접 만들어준다. 갈비찜한 번 만들려면 돈이 만만찮게 들어가는데, 맛있다는 소릴 들으면 자꾸 하게 되니, 이러다 갈빗집을 차리는 것은 아닌지 모르겠다.

한편으론 나를 걱정하는 주변인들도 있다. 밖에서의 활동을 더 넓히라는 뜻이다. 무슨 뜻인지 모르지 않지만 나이가 들어가면서 불편한 사람들을 만나는 것보다 내 자신에 충실하자는 생각이 더 커졌다. 젊은 시절에는 친구 좋아하고 술 좋아하는 탓에 많은 인연을 만들었다. 외로움을 많이 타서 혼자 있는 것이 힘들었다. 좋은 환경에서 부족함 없이 자라면서도 나는 늘 심리적 우울감에서 자유롭지 못했다. 풍요로운 잔칫집에도 가난하고 외로운 사람은 있기 마련이다. 이해받기 어려운 내 유년의 정서가 중년이 되었는데도 풀지 못한 숙제처럼 나를 웅크리게 만든다. 좋은 친구를 사귀고 좋은 인연을 만드는 것이야말로 인생의 축복인데, 꽃꽂이와 갈비찜을 더 잘하는 걸 보면 내 안에 아직 풀지 못한 세상에 대한 서운함이 있는지도 모른다.

그렇다고 불행한 것은 아니다. 행복과 불행은 순간의 감정이기 때문에 늘 불행한 사람도 없고 늘 행복한 사람도 없다. 자기 연민에 빠져 스스로 불행하다고 생각하는 사람이 가장 어리석은 사람이라고 한다. 내가 자전거를 타고 꽃꽂이를 하고 갈비찜을 만드는 것도 세상과 소통하려는 나만의 방법이다. 아주 가끔은 캄캄한 거실에서 홀로 음악을 듣거나 바이올린을 켜며 유치한 감상에 빠지지만 그 또한 내가 살아가는 방법이고 낭만이다.

전쟁과 의학은 필요악이다

세계 최대 의약품 시장인 미국에서 처방약으로 1위를 차지하고 있는 회사가 있다. 바이오기업 중에 길리어드 사이언스Gilead Sciences 라는 회사다. 길리어드가 처방약으로 세계 1위 업체가 된 것은 C형 간염 신약인 '소발디Sovald' 때문이다. 소발디를 팔아 엄청난 성장을 하면서 항 간질약인 '리리카Lyrica, pregabalin'로 유명한 화이자를 추월하게 되었다. 길리어드가 처음 돈을 벌기 시작한 것은 아프리카에 에이즈 치료제를 만들어 팔면서 부터인데, 공교롭게도 당시 길리어드의 주인은 미국의 전 국방부 장관이던 도널드럼스펠드였다. 도널드는 부시 전 대통령 시절 국방장관으로 이라크전을 주도한 인물이다. 그가 물론 아프리카의 에이즈 퇴치에 많은 공을 세운 것은 사실이지만 전쟁과 정치는 한통속이라 도널드가 전쟁을 통해 기업을 전략적으로 성장시켰을 것이라는 의혹을 떨쳐버리기는 쉽지 않을 것이다.

1945년 미국은 일본에 두 개의 원자폭탄을 터트렸다. 이로 인해 엄청난 사상자가 발생했고 히로시마와 나가사키 두 도시는 초토화되었다. 무엇보다 심각한 것은 피폭의 후유증이었는데, 섬광화상으로 인한 부상자가 가장 많았다고 한다. 그 끔찍한 화상 환자들을 치료한다는 숭고한 인간애를 내세우며 가장 먼저 달려든 것은 제약회사와 의사들이었다.

의사들은 방사에 노출된 사람들을 관찰하면서 몸에 어떤 변화가 일어나는지 연구했고 제약회사들은 화상치료제를 개발해 돈을 버느라 정신이 없었다. 골수이식이 처음 성공한 것도 그래서 1950년 초였다. 그 이전에는 건강한 골수를 새로 이식해도 살지 못했다. 당시는 항암제의 효과가 좋지 못한 까닭이었다. 그러나 방사선을 의료기술에 사용하면서 골수이식 수술을 성공하게 되었다. 방사선을 쏘여 병든 골수를 파괴한 다음 건강한 골수를 환자에게 이식하여 성공하는 데까지 발전했다. 의료용 엑스레이는 방사선을 소량으로 쏘는 것이다. 방사선을 강하게 쏘이게 되면 사람이 죽거나 즉사할 수 있지만 적당히 쏘이면 서서히 비정상적인 세포를 죽일 수 있다. 방사선은 피를 흘리지 않고 환자를 치료할 수 있는 유일한 방법이라고 할 수 있다.

코브투나인나인원cobe2991이라는 혈액 원심분리기도 월남전 때 개발된 것이라고 한다. 부상당한 군인들을 치료해야 하는데 항상 피가 모자라자 미 국방성이 IBM에 방법을 찾아보라고 했다. IBM은 피를 원심분리해서 영하 수십 도에서 보관했다가 꺼내 쓰는 방법을 찾아 냈다. 효율적이고 획기적인 기술이었다. 우리나라는 아직 카피나 수입에 의존하는 장비들이 많지만 전보다는 수준이 많이 좋아졌다. 물론 국내 자체 기술로 개발된 제품들도 많아 수출하는 품목들도 있다.

이처럼 전쟁과 의학은 무관하지 않다. 2차 세계대전 당시 병사들의 부러진 팔, 다리에 녹이 슬지 않는 스테인리스를 박아 치료하는 독일의 외과의학에 미국의사들이 혀를 내둘렀다고 한다. 금속공학이 발달한 독일이 외과적 치료에 이를 이용할 수 있는 기술을 개발한 것이다. 부상병의 빠른 회복은 전쟁을 그만큼 효율적으로 치르기 위한 또 다른 작전이었을 테니 의학 기술이야말로 전쟁을 승리로 이끄는 일등 공신이었을지도 모른다.

의학의 발전보다 전쟁이 일어나지 않는 세상이 되어야 하겠지만 그건 어디까지나 낭만적인 생각일 것이다. 인간의 욕망은 지구가 멸망하지 않는 이상 끊임없이 전쟁을 벌일 것이고 문명 또한 그 속에서 피어날 것이기 때문이다.

의사에 대한 현실과 이상

내가 의대공부를 하던 시절만해도 의사에 대한 사회적 명예가 나쁘지 않았다.

우스갯소리지만 의대에 입학하는 순간 그 집안 이제 풀렸다는 소릴 들을 정도로 주변의 부러움을 샀다. 그러나 이제는 세상이 달라졌다. 사회의 변화를 읽지 못한 사람들은 여전히 의사 변호사 타령을 하지만 가까운 미래에는 현재 직업의 절반 이상이 사라지고 새로운 직종이 생긴다고 한다. 상상도 못했던 일들이 일어나고 아주 먼 미래나 가능할 거라고 믿었던 일들이 눈앞에서 펼쳐지고 있을 만큼 세상이 빠르게 변화하고 있다. 바이오와 아이티의 기술로 자신의 질병과 치료까지 스스로 해결할 날이 멀지 않았으니 의사라는 직업도 언제 없어질지 모른다.

얼마 전에 초등학생들을 대상으로 한 장래 희망을 보니 통계에서 의사는 순위에서 한참 아래였다. 의사라는 직업이 더 이상 아이들 눈에 멋있어 보이지 않는 까닭일 수도 있다. 공부하기도 힘들지만 그보다 멋진 직업들이 많아졌기 때문이다. 그럼에도 의학전문대학원에 학생들이 넘쳐나는 걸 보면 아직은 의사라는 직업의 사회적 위치와 책임이 가볍지는 않는 것 같다.

한편으로는 너무 쉽게 의대공부에 도전한 학생들을 보고는 걱정이 앞서기도 한다. 한번은 모 의학전문대로 강의를 나간 적 있었다. 치열하게 공부했던 예전의 내 경험을 떠올려 요즘 애들도 그럴 거라고 생각했는데 기대에 미치지 못했다. 물론 다른 공부를 하다가 들어왔으니 내 강의를 이해 못할 수도 있다. 거의 1/3 이상은 강의에 집중하지 못하고 녹음기를 돌렸다. 받아 적고 달달 외우는 공부 방식이야 말로 우리나라 학생들이 세계 최고일 것이다. 의사는 학자가 아니라 생명을 만지고 다루는 직업이다. 환자를 판단하고 진단할 수 있는 정확한 눈과 손은 오랜 시간을 가지고 쌓은 이론과 경험에서 나온다. 대학의 자율적 구조에 대해 말하려는 것이 아니라 의사가 직업으로의 탈출구가 되어서는 안 된다는 뜻이다. 물론 개인의 능력 차이가 클 테니 일반적인 경우는 아니지만 강의를 하는 동안 솔직히 염려되는 부분이 더 많았다. 한동안 의학전문대학원에 대한 의견이 분분한 적도 있었다. 긍정적으로 보는 측면도 있고 부정적으로 보는 측면도 있었지만 결국에는 환자를 직접 상대하는 의사 개인의 직업적 윤리가 가장 큰 덕목으로 작용할 것이라고 본다.

여담이지만 의료업 협회 중 가장 힘이 약한 협회가 의사협회다. 숫자적으로 따져도 간호사협회가 힘이 세고 그 다음이 약사회다. 머리수도 크지만 사안에 대처하고 결정하는 힘이 좋다. 의료 환경이 곧 생존권의 문제로 연결되기 때문에 의사들도 개인의 문제로만 생각해 행동하기는 어려워졌다. 초등학교 애들이 의사보다 연예인을 선호하는 것도 아마 힘들게 공부해서 어렵게 살기보다는 세상의 관심과 사랑을 받고 싶은 이유도 있을 것이다.

눈치 보며 사는 세상의 즐거움

『미움 받을 용기』라는
책에 나오는 구절이다.

'모든 고민은 인간관계에서 비롯된다. 타인에게 미움 받는 것을 두려워하지 마라. 모든 것은 용기의 문제다.'

열등감은 자신의 주관적인 가치판단이지 객관적인 사실이 아니라고 말한다. 그러니까 열등감은 누구나 가지고 있으니 미움 받는 것에 두려워하지 말고 용기를 내라는 것이다.

이 책이 베스트셀러가 된 이유는 우리 사회가 그만큼 건강하지 못하다는 반증일 수도 있다. 끊임없이 비교당하고 경쟁하며 살아야 하는 사회에서 열등감은 결코 나쁜 것이 아니라 건강한 것이라고 말하니 이보다 더한 용기가 어디 있겠는가. 심리학적으로 열등감은 누구에게나 존재하는 것이니 주관적인 판단으로 자신을 학대할 필요가 없다는 것이다. 맞는 소리 같기도 하고 틀린 소리 같기도 해서 이번에는 『포기하는 용기』라는 책을 사서 읽었다. 정신분석과 철학을 공부했다는 저자는 포기하는 용기에 대해 실패하더라도 포기하지 않고 열심히 살다 보면 언젠가는 세상이 너를 인정해줄 것이라고 말한다. 너무 당연한 소리 아닌가? 이 식상하다 못해 흔해빠진 얘기에 사람들이 왜 귀를 기울이는지 조금은 황당했다. 『미움 받을 용기』와 『포기하는 용기』 두 책이 말하는 공통점은 당신은 소중하니까 세상 눈치 보지 말고 열심히 살다 보면 복 받을 것이다, 뭐 이런 얘기다. 이 흔한 이야기에 독자들이 지갑을 열어 책을 산 이유는 아마 그 뻔한 소리를 함께 공유하며 위로받고 용기를 내고 싶은 것이라고 생각한다.

그러나 사회적 동물인 사람이 어떻게 남 신경 안 쓰고 살 수 있겠는가. 세상은 나를 비추는 거울인데 거울을 깨버릴 수도 없고, 웬만한 배짱과 용기 없이는 계속 세상 눈치를 보면서 살 수 밖에 없을 것이다. 일찍이 '불타는 김현수'와 '악마 김현수'라는 최악의 소릴 들으며 살아온 나도 무엇이든 독불장군 내 멋대로 살 것 같지만 절대 그렇지 않다. 나야말로 열등감 덩어리이고 세상 눈치 보기 바쁜 사람이다. 오늘은 무슨 색깔의 와이셔츠를 입어야 잘 생긴 내 얼굴이 더 돋보일까 궁리하게 되고, 맛있는 빵이 더 먹고 싶어도 배가 나오면 둔하게 보일까 봐 꾹 참는다. 회사에 출근해서는 나를 바라보는 직원들의 눈길이 조금만 이상해도 혹시 나한테 무슨 문제가 있는 것은 아닌지 점검하게 되고, 환자의 표정이 좋지 않으면 오진을 한 것은 아닌가 싶어 불안해진다. 한순간도 남을 의식하지 않고는 살 수 없다. 직원들에게 존경받고 싶고 돈을 많이 벌어 좋은 일에 쓰고 박수도 받고 싶다. 자식들에게는 항상 멋있고 훌륭한 아버지로 기억되길 바라고 친구들한테는 의리 있고 능력 있는 남자로 비춰지고 싶은 것이 솔직한 심정이다.

자신을 지키려면 쓸데없는 욕망을 포기하라고 말하지만 은둔을 하지 않는 이상 결코 쉽지 않은 일이다. 주관적이고 주체적인 삶에 충실하라고 하지만 그것은 매우 이기적인 생각일 뿐이다. 세상에 던져진 순간부터 인간은 객관적인 생을 살아가도록 만들어졌다는 생각도 든다. 용기를 내어 열심히 살라고 하는 것은 그래야만 덜 힘들고 덜 외롭기 때문일 것이다. 말과 이론으로 살아지는 것이라면 세상을 등지고도 잘 살겠지만 사람에게 외로움보다 무서운 형벌이 또 있을까. 그냥 아웅다웅 부딪치며 사는 것이 가장 인간적인 삶일지도 모른다.

가난한 청춘들의 나라

영화 「국제시장」을 보고 나도 울었다.   이 영화가 천만관객의 눈물을 흘리게 한 것은 우리들의 아버지를 떠올리게 했기 때문이다. 우리와는 다른 거칠고 암울했던 시대를 건너온 우리들의 아버지 이야기를 보며 울지 않을 수 없었다. 나 역시 오래전에 돌아가신 내 아버지가 생각났다. 피난민으로 성공한 의사로 살다 가셨지만 아버지가 겪은 현실적인 가난과 고단한 역사는 엄청난 삶의 무게였을 것이다.

아버지는 한 번도 당신에게 지워진 삶의 무게를 엄살떨지 않으셨다. 헛헛한 눈빛으로 소주잔을 기울이던 아버지를 기억하는 나이가 되고 보니 나도 어느 새 가족을 위해 숙명처럼 살아야 하는 아버지가 되었다. 그것이 불행이라 생각되지 않기에 나도 아버지처럼 살 수 있을 것 같다.

「허삼관 매혈기」라는 영화 역시 가난했던 아버지들의 이야기다. 영화가 이처럼 암울했던 과거의 이야기를 소재 삼은 것은 예전이나 지금이나 아버지들은 여전히 가족에 대한 부양의 책임이 크기 때문일 것이다. 피를 팔아 생계를 유지하는 허삼관과 국제시장의 아버지는 이야기의 구성과 차용한 소재만 다를 뿐 똑같은 우리들의 아버지 이야기라고 할 수 있다.

허삼관 이야기가 나왔으니 하는 말이지만 우리나라도 한때는 가난한 청년들이 피를 팔려고 헌혈소 앞으로 몰려들었던 적이 있었다. 최저 시급을 받으며 편의점 알바로 버티는 지금의 청춘들과 크게 다르지 않다. 매혈이 가장 성행했던 지역은 강릉이었다. 강릉은 젊은 청춘들에게 매력적인 관광지였지만 교통비와 숙박비를 생각하면 주머니가 가벼운 사람들은 쉽게 갈 수 없는 곳이기도 했다. 나는 외가가 강원도에 있어 강릉에 갈 기회가 많았다. 외삼촌 차를 타고 강릉 시내를 여기저기 돌아다녔는데, 유독 보건소 앞마당에 청년들이 줄 서 있는 진풍경을 볼 수 있었다. 떨어진 여행비를 벌려고 자발적으로 피를 팔러 온 것이었다. 지금처럼 체격이 좋지도 않아서 당시는 한 번에 최대 320cc 정도만 뽑을 수 있었고, 이만 원 남짓 받았다. 그 시절 이만 원이면 여자 친구와 충분히 기분 낼 수 있는 큰돈이었다. 다 지나간 일이고 혈기 왕성한 청춘이었기에 가능한 일이었다고 웃어넘길 수도 있지만 가만히 생각해보면 국제시장이나 허삼관 이상으로 슬픈 일이다. 피를 파는 일은 생명을 파는 일인데 생명까지 팔아가면서 살아가야 할 이유가 가족이라면 어떠한 모순도 제기할 수가 없다.

성행했던 매혈이 헌혈로 바뀌게 된 것은 적십자사가 혈액은행을 통제하기 시작하면서부터다. 더 이상 매혈이 아닌 헌혈을 통해서 피를 충당하기 시작했는데, 가장 많은 헌혈을 한 사람들은 역시 군인들이었다. 자발적인 헌혈로 피가 부족해지자 군인들을 단체로 헌혈하게끔 유도한 것이다. 문제는 헌혈이 단체로 이루어지면서 말라리아 같은 전염병이 돌기 시작한 것이다. 후진국형 전염병인 말라리아가 8,90년대 우리나라에 발생하자 정부에서도 더 이상 군인들의 헌혈을 막았다. 당시 말라리아가 주로 경기도 북부 지역인 휴전선 근처 도시에서 많이 발생해 북한에서 시작된 것은 아닌가 하는 추측도 있었다.

현재도 혈액은행의 상황은 좋지 않다. 생명을 지키는 일이니만큼 자발적 헌혈로 자신에게도 닥쳐올지 모를 생명의 위기를 대비해야 할 것이다. 이제는 영화 속에서나 만날 수 있는 지난 시절의 이야기들이지만 내 아버지와 세상의 아버지들이 힘들게 보낸 청춘이 있었기에 오늘 우리가 존재함을 기억해야 한다. 가족을 위해 역사의 수레바퀴에 몸을 던지며 살아온 아버지 이야기는 더 이상 우리 세대가 기억하는 마지막 아버지 상일지도 모른다.

미래의 의학과 의사의 역할

앞에서도 잠깐 언급했지만 의료기술은 첨단 과학과 만나 더욱 발전하고 있다. 사람 손이 아닌 로봇이 능숙하게 수술을 하고, 사람의 장기도 자동차 부품처럼 교환 가능한 세상이 되었다. 로봇이 절대적으로 할 수 없는 부분만 인간의 영역으로 남게 될 것이기 때문에 미래 의사들의 역할도 지금하고는 많이 다를 것이라 예상한다.

혹자는 이러다 의사 변호사가 모두 사라지는 것은 아닌가 생각할 수도 있을 테지만, 인간이 만든 인공지능이 인간을 뛰어넘는 일은 생기지 않을 것이라고 낙관한다. 태초 이래 세상은 한시도 멈추지 않고 변하고 있다. 그중 가장 빠른 속도로 변화고 있는 것이 사람이다. 과학이 제아무리 앞서간다고 한들 진화하는 인간의 속도를 따라잡기는 어렵다. 과학을 주무르는 것도 인간이고 지구상에서 인간만큼 창조적인 생명체도 없기 때문이다.

미국의 유명한 대학병원에서 인공지능 슈퍼컴퓨터가 의학적인 판단할 수 있도록 모든 정보를 입력했다. 그리고 의사를 대신해 결정하게 했더니 의사가 내리는 진단 결과와 거의 80% 이상 같았다고 했다. 이처럼 높은 결과가 나온 이유는 슈퍼컴퓨터에는 학문적, 지식적인 정보 외에도 의사가 판단을 내리는 주관적인 요소들까지 데이터로 입력했기 때문이다. 의학적 백그라운드가 되는 공부한 것들, 경험, 느낌, 촉 이런 것까지 데이터로 만들어 넣었고, 더욱 정교한 판단을 위해 유전자 분석 데이터도 들어간다고 했다.

인간 대 인간의 유전자는 같다. 돌연변이가 생겨나서 그렇지, 인간의 유전자는 거의 같다. 다만 유전자는 같으나, 유전자의 발현이 크거나 작거나 또는 많거나 적게 나타날 뿐이다. 이 같은 유전자 분석 자료와 후천적 유전자 발현까지 데이터화한 인공지능 의료기술은 언젠가 더욱 발전하고 정교해지는 시대가 올 것이라는 것은 확실하다. 십 년 전만 해도 정밀한 치료를 받으려면 1억에서 3억 정도 들었지만 지금은 몇 백에서 몇 천만 원 수준까지 내려갔다. 나는 아직 로봇 수술 경험이 없지만 수술 결과와 예후가 좋다면 당연히 받아들일 것이다.

수명이 길어지면서 생명공학 의료서비스 또한 없어지지 않을 거라는 전망이 많다. 사실 구글이나 IBM에서 인공지능 기술을 활용해 헬스케어 시장에 진출하고 있는 것만 봐도 앞으로 의료 시장은 어마어마하게 커질 것이다. 미래에는 자가진단 헬스케어 기술을 통해 컴퓨터가 진단과 처방을 내려주고 웬만한 병은 가정에서, 또는 저렴한 비용으로 치료할 수 있을지도 모른다. 의사, 약사 등 의료인만 할 수 있던 일들이 점점 일반인과 환자들이 직접할 수 있도록 개방되고 시장화된다는 사실이다.

일관된 정책과 협조가 기업을 성장시킨다

줄기세포에 대한 시각의 차이, 즉 과도한 기대나 부정적 선입견이 없어져야 한다.

국내가 좀 더 심하다고 느끼지만 줄기세포에 대한 해외시각도 별다르지 않다. 국내에서는 황우석 박사 사건과 상업적 성공을 앞세운 기업들의 무리한 영업, 무허가 제조에 대한 시각이 똑같은 현상이라고 할 수 있다. 이러한 일들은 앞으로 줄기세포 연구 및 사회 전반에 부정적 영향을 줄 수 있다.

연구자들이나 연구소 및 대학들은 주관적 시각보다는 객관적 시각이 필요하다. 본인들이 하는 연구가 적절한 목표와 방법을 갖고 있는지 객관적 판단이 필요한 것이다. 물론 순수 연구가 과학 발전에 필요하지만 대부분의 줄기세포 연구는 개발이라는 목적을 갖기 때문이다.

기업의 경영진들은 상업적 성공에 시간이 필요하다는 것을 받아들이고 기획단계에서부터 철저한 준비와 시간 및 자원에 대한 계산이 필요하다. 적절하지 않은 미래 비전을 믿고 불법적 제조와 판매를 계속한다면 대한민국 줄기세포 시장의 미래는 어둡다.

학자들이 기술 개발 후에 기업을 만들어 경영하고 재화적 가치를 확보하려는 것은 분명히 무리이다. 물론 십수 년 전에는 가능하였으나 이제는 불가능에 가깝다. 개발, 경영, 소유가 분리되어 적절한 협조와 견제가 필요하다. 물론 책임과 의무도 분산되어야 한다.

정부의 일관성 있는 정책도 따라줘야 한다. 규제가 강하다는 여론이 앞서면 규제를 완화하겠다고 하고, 규제가 약해 여러 가지 사회적 문제가 발생한다는 여론이나 현상이 생기면 즉각적으로 규제를 강화하는 일관되지 못한 정책은 없어져야 한다. 또한 담당 공무원들도 전문성을 더 키우고 새로운 산업에 대한 일관적인 입장을 보여야 한다. 예를 들어 중앙정부나 정책자들의 판단으로 규제를 완화하면 결국 그 결과에 대한 책임 때문에 실무자들은 기존의 방법으로 더 엄격한 규제의 벽을 만든다. 실로 엄청난 불행이다.

나는 약 7년 전 최고위급 정치가 앞에서 이런 말을 한 적이 있다.

"육상 110미터 허들 경기에 사용되는 장애물의 높이, 넓이와 무게는 똑같다. 국가는 허들의 기준을 자주 바꾸려 하지 말고 이 허들을 효과적으로 넘어가는 방법을 가르쳐야 한다."

잘못된 기업들의 불법 제조와 수출 등에 관하여 아주 강한 제재와 단속이 필요하다. 이런 기업들의 망동 때문에 선량한 기업들의 피해가 큰 만큼 잘못을 단죄하지 못하는 국가의 책임도 크다고 할 수 있다.

행운은 준비하는 자에게 온다

남의 말하기를 좋아하는 사람들이 있다. 상대에 대한 질투를 실력이 아니라 순전히 운이 좋아서 잘된 것이라고 말한다. 기본과 정도가 자주 무시되는 세상이다 보니 그리 말할 수도 있겠지만 따지고 보면 운도 실력이라고 할 수 있다. 기차표를 사 놓지 않고서 어떻게 기차에 오를 수 있으며 공부를 하지 않고서 어떻게 인간의 품격에 대해 논할 수 있겠는가. 좋은 부모에게서 태어나 무탈하게 자란 나 역시 운 좋은 사람이란 소릴 많이 들어왔다. 그러나 과연 운만 믿고 여기까지 왔을까 생각해 보지 않을 수 없다.

나는 매일 옥수동과 압구정 사이를 오간다. 동호대교를 건널 적마다 창밖으로 유유히 흐르는 한강을 바라보면 지나온 내 시간들이 잔잔하게 떠오른다. 오늘에 이르기 위해 그토록 오랜 시간 달려왔다는 상념이 평화로운 강물 위로 출렁거린다. 과연 나는 운이 좋아 여기까지 온 것일까? 그렇지 않다. 나는 한 번도 운을 믿고 무엇을 기다려 본 적이 없다. 엄격한 아버지와 실력을 우선시 하는 스승들은 늘 나를 성장시키려 독려하고 긴장시켰다. 의대에 간 이후부터 나는 온전한 휴식을 취해 본 적이 거의 없다. 하루가 서른 시간이라고 해도 모자랄 정도로 바쁜 일상을 보냈다. 물론 그 시간들이 고통스러웠다면 진즉 포기했을 테지만 다행인지 불행인지 내 앞에 닥친 일을 나 몰라라 하지는 않았다. 오히려 의욕이 넘쳐 불협화음을 만들어냈지 게으름을 피우며 내 일을 누군가에게 떠넘기며 살지는 않았다.

앞에서도 잠깐 언급했지만 무엇에 대한 욕심만으로는 그토록 열심히 살아질 수 없다. 욕심보다는 저마다 자신 앞에 닥친 문제를 풀기 위한 어떤 소명이나 사회적 관계를 저버리지 않기 위해서 열심히 산다고 해야 맞을 것이다. 공부에 큰 재미를 느끼지 못했던 내가 의학도의 길을 선택해 전문의가 되기까지는 엄청난 공부와 수련의 과정이 필요했다. 본인의 의지와 노력이 없었다면 절대 마칠 수 없는 일이었다. 말도 안 되는 배고픔과 수면부족에 시달리면서 노력한 시간에 대한 보상이라면 솔직히 그리 흡족한 삶은 아니다.

지금까지 행운만 노리고 뭔가를 준비했다면 억울할 테지만 다행히 나는 운이란 놈을 어느 날 갑자기 찾아온 대박이라 생각지 않기에 열심히 사는 지금이 가장 큰 행운을 만난 시기라고 생각한다. 언젠가 강의 끝에 이런 질문을 받은 적 있다.

"지금까지 대표님께 찾아온 가장 큰 행운은 무엇입니까?"

질문의 속내는 아마 당신 인생의 터닝 포인트를 만들어준 행운은 무엇인가 이었을 것이다. 한마디로 언제부터 잘 나가기 시작했느냐는 질문인데, 여전히 목표가 아닌 과정에 서 있다고 생각하며 살고 있는 나로서는 왠지 행운의 여신을 만난 적 있다고 말하기가 곤란했다.

"저는 할 일이 있는 오늘이 최고의 행운의 날이라고 생각합니다. 뭔가 열심히 하고 있는 자의 손에는 이미 행운이 들어 있거든요. 아무 것도 안 하고 피둥피둥 놀다가 얻는 것은 행운이 아니라 그냥 재수입니다. 재수는 의지로 할 수 없는 일이지만 행운은 맘먹기에 달렸으니 재수보다는 운의 확률이 더 높습니다."

유명 강사 수준의 유려한 말솜씨는 아니었지만 마지막 한 방이 먹힌 듯 나는 큰 박수를 받았다. 행운을 얻은 것이다. 내 이야기에 감동해서 보내는 사람들의 박수야말로 가장 큰 행운이고 에너지다. 물방울이 모여 바다가 되듯 크고 작은 일들의 보람이 쌓이다보면 엄청난 행운을 만난 자신을 발견하게 될 것이다.

김현수의 줄기세포 병원입니다

1판 1쇄 인쇄 2017년 3월 7일
1판 1쇄 발행 2017년 3월 13일

지은이 | 김현수
펴낸이 | 정용철
편집인 | 김보현
디자인 | ⓒ단팥빵
펴낸곳 | 도서출판 북산
주소 | 135-840 서울시 강남구 역삼로 67길 20, 201호
등록 | 2010년 2월 24일 제2013-000122호
전화 | 02-2267-7695 팩스 | 02-558-7695
홈페이지 | www.glmachum.co.kr 이메일 | glmachum@hanmail.net

ISBN 979-11-85769-08-0 03320